KOFFER ZU
UND LOS!

Titel der Originalausgabe: *How to Pack, Travel Smart for Any Trip*
Erschienen bei Clarkson Potter/Publishers, New York 2017
Einem Imprint der Crown Publishing Group, einem Teil von Penguin Random House LLC, New York, USA

Buch- und Cover-Design: Kelly Lasserre

Deutsche Erstausgabe

Ein Unternehmen der La Martinière Groupe

Umschlagadaption: Leonore Höfer, Knesebeck Verlag
Satz & Herstellung: VerlagsService Dietmar Schmitz GmbH, Heimstetten
Druck: Printer Trento s.r.l., Trento
Printed in Italy

ISBN 978-3-95728-071-8

www.knesebeck-verlag.de

KOFFER ZU UND LOS!

Geschickt gepackt für jede Reise

HITHA PALEPU

Illustrationen von Kelly Lasserre

Aus dem Englischen von Claudia Theis-Passaro

KNESEBECK

INHALTSVERZEICHNIS

EINFÜHRUNG 7

WELCHER PACK-TYP SIND SIE? 12

ZEITPLAN FÜRS PACKEN 14

Fertig zum Abflug

PRE-PACKING 19

20 Crash-Kurs fürs Handgepäck

28 Kein Chaos im Koffer: Tipps für die richtigen Ordnungshelfer

34 Ground Control: Die persönliche Packstation

Perfekt angezogen

KLEIDUNG RICHTIG AUSGESUCHT 37

38 Für jedes Wetter

38 Die Grundlagen: Wäsche für den Tag und für die Nacht

41 Rundum fit: Sportkleidung für unterwegs

42 Power-Pieces, die ins Ziel treffen

46 Highlight-Stücke: Mal Seide, mal Pailletten

48 Frische Brise: Wäschepflege unterwegs

50 Schick unterwegs: Praktische Kleidung auf der Reise

Geheimwaffen

DIE RICHTIGEN ACCESSOIRES ENTSCHEIDEN 53

54 Das Mathegeheimnis: Die Summe eines gelungenen Outfits

57 Gut verstaut: Accessoires richtig einpacken

Pack dich schön!

KÖRPERPFLEGE UND KOSMETIK-MUST-HAVES 61

62 Badezimmerblues: Alles, was man braucht

66 Globetrotter-Glamour: Die Make-up-Routine anpassen (und trotzdem super aussehen)

DIE PERFEKTEN PACKLISTEN 70

Zeit einzupacken

OPTIMAL PACKEN FÜR MAXIMALEN PLATZ 85

86 Falten versus Rollen

91 Was kommt zuerst? Die Kunst der richtigen Reihenfolge beim Packen

92 Die Reise rückt näher: Die Bordtasche

Wer wird denn gleich in die Luft gehen?

ZIELSTREBIG DEN FLUGHAFEN HINTER SICH LASSEN 95

96 Mit wem man sich umgibt … Reisen mit anderen

98 Im Sauseschritt: Wie ein Profi durch die Sicherheitskontrolle

100 Bereit zum Boarden: Unterhaltung unterwegs

101 Wohlfühlen: Gesund und munter unterwegs

104 Am Ziel

106 Tipps fürs Auspacken

108 Abschied nehmen: Ein guter Abschluss

109 Zurück auf der heimischen Basis

DANK 110

BLANKO-PACKLISTEN 113

ÜBER DIE AUTORIN 112

Einführung

Ich gehöre zu jenen Menschen, die sich auf die Reise ebenso freuen wie auf das Ziel selbst. Beim ersten Flug, an den ich mich bewusst erinnern kann, war ich sechs Jahre alt. Zusammen mit meiner Mutter ging es damals nach Indien. Ich war zwar auch vorher schon einmal dort, um Verwandte zu besuchen, aber an jene Besuche habe ich nur ganz flüchtige Erinnerungen – die riesige Dachterrasse meiner Großeltern, die darüber am Himmel fliegenden leuchtend bunten Papierdrachen, die kleinen Reis-Linsen-Bällchen meiner Tante, die mich in die dunkleren (und unterhaltsameren) Geschichten der hinduistischen Mythologie einführte. Lebendig geblieben ist jedoch die Erinnerung an unser

Gepäck bei jener Reise. In der Woche vor unserer Abreise breitete meine Mutter vier gigantische Koffer im Wohnzimmer aus. Sie packte Toilettenpapierrollen, riesige Bonbontüten und stapelweise T-Shirts ein. Eine nagelneue teflonbeschichtete Pfanne lag direkt unter einem Rüschenkleid, das meine Cousine bekommen sollte. Je näher der Abreisetag heranrückte, desto mehr Mitbringsel wanderten in die Koffer.

Ich hatte mir vorgestellt, dass die Koffer unverwüstlich seien, aber das Gewicht und der grobe Umgang unterwegs hatten sie ziemlich in Mitleidenschaft gezogen, sodass sie überall mit glänzenden Air-India-Aufklebern in Rot und Grün sowie groben Schnüren geflickt waren. Die Geschenke jedoch sind in einwandfreiem Zustand angekommen. Die neue Pfanne wurde umgehend eingeweiht, und zwar zum Braten würziger Kartoffeln, eine meiner Leibspeisen. Meine Cousine strahlte, als sie das Kleid sah. Sie probierte es sofort an und wirbelte durch das Zimmer. Am deutlichsten in Erinnerung geblieben ist mir aber der Ausdruck purer Freude im Gesicht meiner Mutter. Die Einkaufstouren, die vielen Stunden, die sie mit dem Packen beschäftigt war – das alles war die Mühe wert. »Dein Koffer verrät vieles über dich«, dies war eine der ersten Reiseweisheiten, die ich gelernt habe. Meine Mutter, der großzügigste Mensch, den ich kenne, packte stets für die anderen ein, nie für sich selbst.

Ich dagegen habe immer für die Person gepackt, die ich sein möchte. Meine erste Bordtasche als Kind war gefüllt mit Büchern, einer Zeitschrift und Stiften, um mir, als die Künstlerin, die ich in mir sah, meine eigene Welt zu schaffen. Als ich im Teenageralter packte, weil wir von Pennsylvania nach London gingen, kamen modische Kleidungsstücke in den Koffer, die ich mich in den amerikanischen Schulen nie getraut hatte zu tragen, sodass ich mich nun in das »coole Mädchen« verwandeln konnte, das ich so gern sein wollte.

Auf meinen ersten beruflichen Reisen als Erwachsene dann allerdings erlitten meine Bemühungen, mich als selbstbewusste, ehrgeizige Karrierefrau zu geben, schon bald einen herben Rückschlag. Als ich für ein entscheidendes Vorstellungsgespräch von Seattle nach Dallas fliegen musste, vergaß ich, passende Schuhe für das Meeting einzupacken. Glücklicherweise kam mir mein Verhandlungsgeschick zugute und ich konnte mit viel Süßholz ein Geschäft überzeugen, schon früher zu öffnen, sodass ich noch vor dem Flug ein Paar schwarze Pumps erstehen konnte. Dieses Erlebnis war ein prägender Einstieg in einen anstrengenden Tag voller Vorstellungsgespräche, die letztlich zu einem Jobangebot führten. Ein Job, den ich sehr gern übernahm.

Aber erst im Rahmen meines nächsten Jobs als Projektmanagerin habe ich die hohe Kunst des Packens gelernt. In jedem Monat war ich drei Wochen unterwegs, quer durch sämtliche Bundesstaaten im Nordosten der USA. Ständig war ich damit beschäftigt, zu packen, auszupacken und wieder einzupacken. Meine Arbeit nahm mich so sehr in Anspruch, dass ich weder Zeit noch Energie dafür hatte, mich mit der Frage »Was soll ich anziehen und was soll ich einpacken?« auseinanderzusetzen.

Irgendwann schließlich bestand meine Reisegarderobe einfach aus einer Handvoll schicker, klassischer Kleidungsstücke. Außerdem haben seitdem in meinem Koffer je ein Paar spitze, flache Schuhe und ein Paar modische und doch unauffällige Absatzschuhe ein Zuhause gefunden, denn diese passen einfach zu allem. Anstatt jede

Woche anderen Schmuck einzupacken, habe ich einige farbenfrohe Lieblingsstücke in einem Ledertäschchen untergebracht, das ich zusammen mit meinem Kulturbeutel verstaue. Nach und nach wurde mein Koffer immer übersichtlicher, die zum Packen aufgewendete Zeit nahm ab und ich wurde selbstbewusster in meinem Beruf. Ich hatte herausgefunden, wer ich wirklich sein wollte und was ich einpacken musste, um das zu erreichen.

Irgendwann leitete ich die Meetings, für die ich zuvor nur das Protokoll gemacht hatte, handelte die Verträge aus, über die ich zuvor nur Berichte gehört hatte, und stellte die Pläne potenziellen Partnern vor, die ich zuvor nur dem Namen nach kannte. Angefangen hatte ich in dem Unternehmen als Projektmanagerin, am Ende verließ ich es als stellvertretende Leiterin der Abteilung Business Development und hatte Geschäfte im Wert von über 300 Millionen Dollar verhandelt. Das mag nach Übertreibung klingen, aber ich führe diesen Erfolg darauf zurück, dass ich gelernt habe, perfekt zu packen.

Nachdem ich mir über das Potenzial guten Packens klar geworden war, wollte ich dies auch gern anderen Menschen übermitteln. So startete ich eine wöchentliche Online-Serie auf meinem Blog HithaOnTheGo.com, der sich mit praktischen Tipps zur Lösung individueller Pack-Probleme befasste. Mit zunehmendem Bekanntheitsgrad bekam ich von meinen Lesern die unterschiedlichsten Anfragen mit ganz auf die Person oder auf spezielle Reisen ausgerichteten Fragestellungen, sodass ich angefangen habe, personalisierte Pack-Sessions anzubieten. Mir wurde bewusst, dass meine Kunden beim Thema Packen mentale Blockaden hatten und sie häufig über ähnliche Tücken stolperten.

In ihrem Alltag waren diese Kunden in der Regel selbstbewusste, kluge Menschen. Aber kaum war der Koffer hervorgeholt, wurden sie ängstlich, unorganisiert und gerieten aus dem Konzept, sowohl rational als auch emotional. Schon der Gedanke, für eine Geschäftsreise zu packen, brachte sie ins Wanken, nur weil jene Reise so wichtig war. Manche freuten sich das ganze Jahr auf eine Reise zu einem Traumziel, nur um dann die ganze Zeit zu frösteln, weil sie nicht genug warme Sachen mitgenommen hatten. Indem ich diesen Kunden gezeigt habe, dass die Art des Packens viel über einen aussagt, schafften sie es nach und nach, immer mehr Selbstsicherheit beim Packen zu gewinnen. Ihre Reisen verliefen immer besser und Familie, Freunde und Kollegen waren viel lieber mit ihnen unterwegs.

Der in diesem Buch aufgezeigte Ansatz sorgt dafür, dass jede Ihrer Reisen bestmöglich gelingt, ohne Beeinträchtigung durch ungeeignetes Packen. Nach diesem Buch werden Sie jene so oft mit dem Kofferpacken verbundenen Gefühle wie Angst, Sorge und Unsicherheit über Bord geworfen und durch Selbstsicherheit und Vorfreude auf Ihre nächste Reise ersetzt haben.

Wir fangen damit an, Ihren Pack-Typ zu bestimmen. Wenn die Motivation klar ist, mit der Sie Koffer packen, machen wir uns daran, zu Hause eine eigene Packstation einzurichten, die perfekte Reisekleidung inklusive Accessoires auszuwählen und alles so zusammenzufügen, dass es am Zielort gleich eingesetzt werden kann. Außerdem sorgen wir dafür, dass Sie im Eiltempo durch die Sicherheitskontrolle kommen und eine gute Zeit an Bord haben.

Es ist Zeit einzupacken – und zwar perfekt. Bei jeder Reise, jedes Mal. Ihr Trip beginnt hier und jetzt.

Welcher Pack-Typ sind Sie?

Der erste Schritt auf dem Weg zu einem effizienten Reisenden besteht darin, herauszufinden, woran man am meisten arbeiten muss. Jeder hat beim Packen seine ganz eigenen »Problemzonen«. Möglicherweise erkennen Sie sich in einem, zwei oder sogar allen hier aufgeführten Typen wieder, aber je besser Sie umreißen können, welche Eigenschaften am ehesten passen, desto besser werden Sie meine Methode für sich nutzen können.

DER BESORGTE ÜBER-PACK-TYP

- Sie fürchten, etwas nicht dabeizuhaben, was Sie vielleicht brauchen könnten.
- Sie denken, je mehr, desto besser.
- Sie brauchen Alternativen, auch wenn diese sich alle ähneln.
- Sie neigen dazu, Koffergröße und Maximalgewicht bis zum Letzten auszunutzen.
- Sie verbringen Stunden um Stunden damit zu überlegen, was Sie anziehen sollen, und probieren viel an, um zu sehen, was am besten aussieht. Für Sie geht es um alles!

MEIN PACK-TIPP: Selbst die über hundert Kleider der Queen auf ihrer ersten Commonwealth-Tour konnten das Schrumpfen des Staatenbunds nicht aufhalten. Was Sie brauchen, ist ein ordentlicher Schub Selbstvertrauen. Sie wissen, was Sie benötigen, und sollten sich zutrauen, Ihren Kofferinhalt gnadenlos zu reduzieren.

DER ZERSTREUTE PACK-TYP

- Gleich nach der Landung steuern Sie den nächstgelegenen Laden an, um sich das zu besorgen, was es nicht bis in den Koffer geschafft hat.
- Ihnen ist häufig zu warm oder zu kalt, weil Sie vor dem Packen nicht die Wettervorhersage am Zielort angeschaut haben.
- Ihr Partner muss dreimal nachhaken, ob Sie bestimmte Dinge eingepackt haben. Freunde oder Angehörige rufen am Abend vor der Abreise an, damit Sie nichts vergessen.
- Bei der Suche im Handgepäck fällt Ihnen schließlich siedend heiß ein, was Sie vergessen haben.

MEIN PACK-TIPP: Die Packliste wird zu Ihrem stärksten Verbündeten. Sie wird auch hilfreich sein, sich darauf zu konzentrieren, was Sie wirklich brauchen.

DER CHAOTISCHE PACK-TYP

- Ihre Kleider kommen immer zerknittert aus dem Koffer.
- Sie öffnen Ihre Tasche und die Shampooflasche ist kaputt.
- Sie werfen noch auf dem Weg zur Tür hinaus ein paar letzte Dinge in die Tasche.
- Sie halten die Schlange an der Sicherheitskontrolle auf, weil Sie erst einmal alles auseinander klauben müssen.
- Sie verlieren viel Zeit damit, Dinge im »schwarzen Loch«, Ihrer Bordtasche, ausfindig zu machen.

MEIN PACK-TIPP: Wer will schon wie der Bahn-Konzern auf Reisen wirken? Beim Packen ist in diesem Fall systematisches Organisieren gefragt. Achten Sie besonders auf die Reihenfolge, in der Ihre Sachen in den Koffer kommen. Praktische Dinge wie Packwürfel und Falthilfen leisten tolle Dienste.

DER UNPRAKTISCHE, ROMANTISCHE PACK-TYP

- Sie freuen sich so sehr auf die bevorstehende Reise, dass Sie nur noch an lange Spaziergänge am Strand denken und dabei vergessen, dass es nachts kühl wird.
- Sie ziehen los und kaufen sich, in der Überzeugung, auf dieser Reise ein ganz neuer Mensch zu werden, eine neue, nicht erprobte Reisegarderobe. Reisen ist für Sie Abenteuer!

MEIN PACK-TIPP: Selbst Don Quichotte hatte seine Lanze eingepackt! Machen Sie sich bewusst, dass man für ein Abenteuer am besten gut vorbereitet ist. Genau genommen macht eine gute Vorbereitung beim Packen mehr Spontaneität möglich. Eine gute Hilfe sind Power-Pieces.

Zeitplan fürs Packen

So vermeiden Sie das »Ich-habe-bestimmt-etwas-vergessen«-Syndrom

Wenn Sie erst in letzter Minute packen, wird Ihnen voraussichtlich die Gewissheit fehlen, tatsächlich alles Notwendige dabeizuhaben. Ich hatte einmal eine Kundin, die immer eine riesige Tasche aufgegeben hat, da sie meinte, das Risiko, etwas zu vergessen, würde abnehmen, wenn sie viele Sachen mitnimmt. Am Ende stand sie dann da mit überflüssigen Dingen (beispielsweise fünf schwarzen T-Shirts), während ihr wichtige Kleinigkeiten wie Haargummis fehlten. Sie probierte es mit dem Zeitplan aus und stellte fest, dass sie nur einen Bruchteil der Zeit zum Packen brauchte und mit einem Drittel der Sachen auskam.

Wir fürchten häufig das Unbekannte und nutzen die Dinge, die wir einpacken, als »Sicherheitspolster« anstatt unsere Organisations- und Planungsfähigkeiten optimal einzusetzen. Mit der Planung einer Reise verbringen Sie Monate, richtig? Warum also sollte der Koffer erst am Abend zuvor gepackt werden? Hier kommt nun der Pack-Zeitplan ins Spiel. Schauen wir uns das einfach einmal an – und keine Sorge, wenn Sie sich unter manchen Dingen noch nichts vorstellen können. Das kommt nach und nach von selbst.

Die Woche davor …

7

TAGE VOR DER ABREISE

Erster Check der Packstation. Entscheiden Sie, welcher Koffer mit auf die Reise geht, und prüfen Sie gleich, ob die Rollen fest sitzen, der Griff einwandfrei funktioniert und Gepäckanhänger oder Gurte vorhanden sind. Der Koffer kann dann gut erreichbar offen stehen bleiben.

Überprüfen Sie, ob der Kulturbeutel alles Wichtige enthält.

Auch die Reisebrieftasche kann vorbereitet werden. Dazu gehört natürlich der Reisepass oder der Personalausweis, aber auch ein Ausdruck aller benötigten Reisebestätigungen sowie Kartenmaterial in der Landessprache des Reiseziels und Ihrer Reiseroute. Benötigte Kartenausschnitte oder andere Infos im Smartphone vorladen, falls unterwegs keine mobilen Daten zur Verfügung stehen.

Ein Blick auf Fotos vorheriger Reisen wird die richtige Vorfreude aufkommen lassen!

6

TAGE VOR DER ABREISE

Informieren Sie sich schon im Vorfeld, auf welches Wetter Sie sich an Ihrem Reiseziel einstellen sollten. Nehmen Sie Ihre Blanko-Packliste (mehr dazu später) zur Hand und tragen Sie Ihre Power-Pieces ein. Ist alles sauber? Wenn nicht, ist noch Zeit zum Waschen oder für die Reinigung. An diesem Tag bestreiten Sie den Hauptteil des Packens: Sie sollten sich einen allgemeinen Überblick verschaffen, welche Sachen eingepackt werden, sodass morgen Zeit für die Accessoires ist. Dazu gehört bei Abenteuerreisen auch die Ausrüstung.

5

TAGE VOR DER ABREISE

Heute werden die Schuhe und Accessoires ausgewählt – ist alles in Ordnung oder sollten die Schuhe noch einmal auf Hochglanz gebracht werden? Räumen Sie alles aus Ihren Handtaschen, Ihrem Geldbeutel und anderen Fächern, was Sie nicht brauchen.

4

TAGE VOR DER ABREISE

Mithilfe der Packliste wird nun die Kleidung eingepackt und jeweils abgehakt. Natürlich lassen sich noch Änderungen vornehmen. Machen Sie sich einen schönen Abend mit ein oder zwei Freundinnen bei Wein, Käse und schöner Musik und lassen Sie sich beraten. Wenn sie mit Ihnen verreisen, umso besser, aber das ist keine Voraussetzung. Die Freundinnen können helfen, unnötige Dinge herauszupicken, und Sie darin bestärken, dass Sie die richtigen Dinge einpacken.

PACKEN FÜR ZWEI KLIMAZONEN

Wenn Sie von Tür zu Tür aus einer kalten Gegend in warmes Wetter reisen, behelfen Sie sich einfach anstelle sperriger Stiefel mit Sneakers zum Hineinschlüpfen und Socken. Sie sollten jedoch auch ohne Socken bequem sein, damit sie auch zu den höheren Temperaturen am Zielort passen. Praktisch ist auch eine dieser superleichten Daunenjacken, die sich in einer winzigen Tasche verstauen lassen (beispielsweise von Uniqlo). Ein Schal aus Baumwolle wärmt unterwegs und dient am Zielort als eine Art Pareo. Wenn nötig, leisten dünne Handschuhe und Ohrenschützer gute Dienste, ohne sperrig zu sein.

3

TAGE VOR DER ABREISE

Gönnen Sie sich für den Flug ein paar nette Kleinigkeiten, etwa ein Buch, Zeitschriften oder Naschereien.

2

TAGE VOR DER ABREISE

Anhand der Checkliste werden heute die Körperpflegeprodukte, die Schuhe und die Accessoires eingepackt. Jetzt ist auch ein guter Zeitpunkt für Behandlungen wie Maniküre, Pediküre oder Wachsenthaarung.

1

DER ABEND VOR DER REISE

Ausreichend Schlaf sorgt für einen guten Reisestart am nächsten Tag. Gönnen Sie sich ein schönes Abendessen mit reichlich Wasser dazu und stellen Sie mit einem guten Gefühl den Wecker.

0

DER ABREISETAG

Anhand der Checkliste für den Flug wird nun noch die Bordtasche gepackt. Denken Sie dabei an wichtige Last-Minute-Utensilien wie Make-up, Medikamente, Brillen, elektronische Geräte und Ladekabel, wichtigen Schmuck und all das, was Sie auf keinen Fall missen möchten.

Fertig zum Abflug

PRE-PACKING

Alles, was gut werden soll, erfordert Vorbereitung. Stellen Sie sich vor, Sie wollten einen Kuchen backen. Dazu überlegen Sie, welcher Kuchen es werden soll, besorgen die Zutaten, legen sie in der Küche bereit, fügen sie nach Rezept zusammen und erfreuen sich dann am Ergebnis. Auch auf Meetings bereiten Sie sich vor, nicht wahr? Und wer würde schon zu einer Prüfung antreten wollen, ohne sich darauf vorbereitet zu haben? Wieso also sollte das nicht auch für das Kofferpacken gelten? Wie bei den meisten Dingen im Leben ist auch beim Packen die Planung die halbe Miete. Und darum geht es hier in diesem Kapitel.

Die Zutaten sind in diesem Fall der Koffer und die Reise-Accessoires. Richten Sie sich einen Bereich ein, der speziell den Packvorbereitungen vorbehalten ist und somit den richtigen Rahmen dafür bietet, ruhig und gelassen Entscheidungen zu treffen. Es verleiht die Sicherheit, zu wissen, dass man alles Wichtige dabeihat, wenn man am Zielort ankommt, indem man schon im Vorhinein alles mit Bedacht überlegt. So vorbereitet werden Sie bestens ausgerüstet sein. Das Pre-Packing ist der eigentliche Aufbruch ins Abenteuer, nicht der Moment, wenn Sie aus dem Flugzeug oder aus dem Auto steigen, nein, hier und jetzt. Bei der Planung und den Vorbereitungen.

Crash-Kurs fürs Handgepäck

Wenn Sie unterwegs sind, ist der Koffer Ihr Zuhause. Aus diesem Grund ist die Auswahl des richtigen Koffers der erste und wichtigste Schritt zum perfekten Packen. Mein Rat? Kaufen Sie kein Kofferset. Am Ende braucht man doch nie alle Einzelteile – und Sie können es mir ruhig glauben, man gibt dabei immer zu viel aus. Investieren Sie stattdessen lieber in Ihr persönliches Vorzeige-Gepäckstück: Einen Handgepäck-Koffer, der all Ihren Bedürfnissen gerecht wird. Schauen wir uns das im Einzelnen an.

HANDGEPÄCK INTERNATIONALE FLÜGE

Mit einer Höhe von etwa 53 Zentimetern bieten diese Handgepäckstücke zwar nicht sehr viel Volumen, sind dafür aber praktisch, da sie von nahezu allen Airlines rund um den Globus anerkannt werden, darunter auch kleine Billigflieger. Wenn Sie mit diesem Buch fertig sind, wird Ihnen der Koffer gar nicht mehr so klein vorkommen.

HANDGEPÄCK INTERNATIONALE UND INLANDSFLÜGE

Viele Fluggesellschaften akzeptieren sogar Koffer mit einer Größe von 53 bis 58 Zentimetern Höhe, die auch in der Tiefe etwas größer sein können. Diese Maße erfüllen mittlerweile eigentlich die Anforderungen der meisten großen internationalen Airlines. Wer vor Ort jedoch mit kleineren Fliegern von einer Stadt zur anderen Stadt fliegt, muss diesen Koffer eventuell manchmal einchecken.

HARTSCHALENKOFFER

Aufgrund des Materials wiegen moderne Hartschalenkoffer meist weniger, weshalb sie sich auch leichter über den Kopf heben lassen. Sollten Sie sich für einen Hartschalenkoffer entscheiden, nehmen Sie am besten einen aus Polycarbonat. Er zerkratzt zwar leicht, ist aber sehr robust und nimmt auch eine grobe Behandlung nicht übel.

WEICHSCHALENKOFFER

Reisekoffer mit weicher Schale sind schwerer, denn sie sind aus robustem Nylon hergestellt. Im Gegenzug sind sie jedoch auch langlebiger und zerkratzen nicht so schnell. Falls abzusehen ist, dass Sie Ihr Gepäck öfter für Flüge aufgeben, könnte ein Weichschalenkoffer die bessere Wahl sein. Das zusätzliche Gewicht spielt in diesem Fall keine Rolle.

TROLLEY MIT VIER ROLLEN

Koffer mit vier Rollen, die sich in alle Richtungen drehen lassen, haben den Vorteil, dass man sie sowohl hinter sich herziehen als auch neben sich herschieben kann, und sie lassen sich gut um Hindernisse herum manövrieren.

TROLLEY MIT ZWEI ROLLEN

Ein Koffer mit zwei Rollen kann zwar nur gezogen werden, bietet dafür jedoch den Vorteil, nicht gleich wegzurollen, wenn man ihn bei Gefälle abstellt. Außerdem ist er besser dafür geeignet, zusätzlich bei Bedarf auch eine schwerere Tasche darauf unterzubringen.

Mein eigener Vorzeige-Koffer ist ein roter Hartschalenkoffer mit vier Rollen in der Handgepäckgröße nach IATA-Richtlinien von der Firma Tumi. Die Farbe erinnert mich an Rotwein, und er ist überall leicht zu erkennen. Ich habe mich für das kürzere Modell entschieden, weil es mir wichtig ist, meinen Koffer nie aufgeben zu müssen. Daher sollte er den Handgepäckbestimmungen aller Airlines entsprechen. Qualität ist für mich ebenfalls ein wichtiger Aspekt, daher achte ich auf eine möglichst lange Garantie. Wenn ich Gepäck aufgeben muss, dann nehme ich lieber einen Weichschalenkoffer mit zwei Rollen, denn dieser ist stabiler und über lange Strecken ziehe ich ihn nur selten.

Nun liegt es bei Ihnen, sich zu überlegen, welcher Koffer der richtige für Sie ist.

DIE WELT IST BUNT

Die Farbe Ihres Koffers hängt einzig und allein von Ihren Vorlieben ab. Wenn eine Farbe Ihnen beim Kofferkauf besonders zusagt, dann greifen Sie zu! Oft wird empfohlen, schwarze Koffer zu vermeiden, da die Farben unverwechselbarer sind. Wer aber Schwarz oder eine andere neutrale Farbe bevorzugt, sollte ruhig dabei bleiben. Fern von Zuhause stellt der Koffer sozusagen Ihr zweites Zuhause dar, weshalb Sie sich mit ihm rundum wohlfühlen sollten – und die Farbe ist da besonders wichtig. Versehen mit einem Monogramm oder einem bunten oder bedruckten Gepäckanhänger oder Koffergurt wird aus dem Koffer schnell ein ganz persönliches Stück.

SONSTIGE TASCHEN

Eine kleinere Reisetasche, auch Weekender genannt, ist ideal für Wochenendtrips oder Reisen mit dem Auto, da sie nicht über längere Zeiträume getragen werden muss. Zudem lässt sie sich auch auf kleinstem Raum verstauen (beispielsweise in einem kleineren Flugzeug im Fußraum unter dem Vordersitz). Praktisch sind Taschen aus wasserabweisendem Material mit einem separaten Schuhfach, so bleiben Ihre Sachen sauber und sind übersichtlich aufbewahrt.

Ein Rucksack ist ebenfalls eine sinnvolle Ergänzung der Taschenflotte. Größere Modelle sind die erste Wahl für Camping, Tracking oder längere Trips mit vielen Stationen. Kleinere Modelle sind auch besonders praktisch, um die Hände frei zu haben z. B. bei kurzen Umsteigezeiten an Bahnhöfen oder wenn man mit Kindern unterwegs ist. Achten Sie darauf, dass das Modell gut sitzt und nicht zu groß ist. Beim Packen empfiehlt es sich, genau zu überlegen, was mit muss und was doch eher zu Hause bleiben kann. Jedes Gramm will ja getragen werden!

Eine Kleidertasche kommt dann zum Einsatz, wenn Sie formelle oder besonders knitterempfindliche Kleidungsstücke einpacken. Achten Sie darauf, dass die Tasche über einen Schultergurt verfügt (zum besseren Tragen).

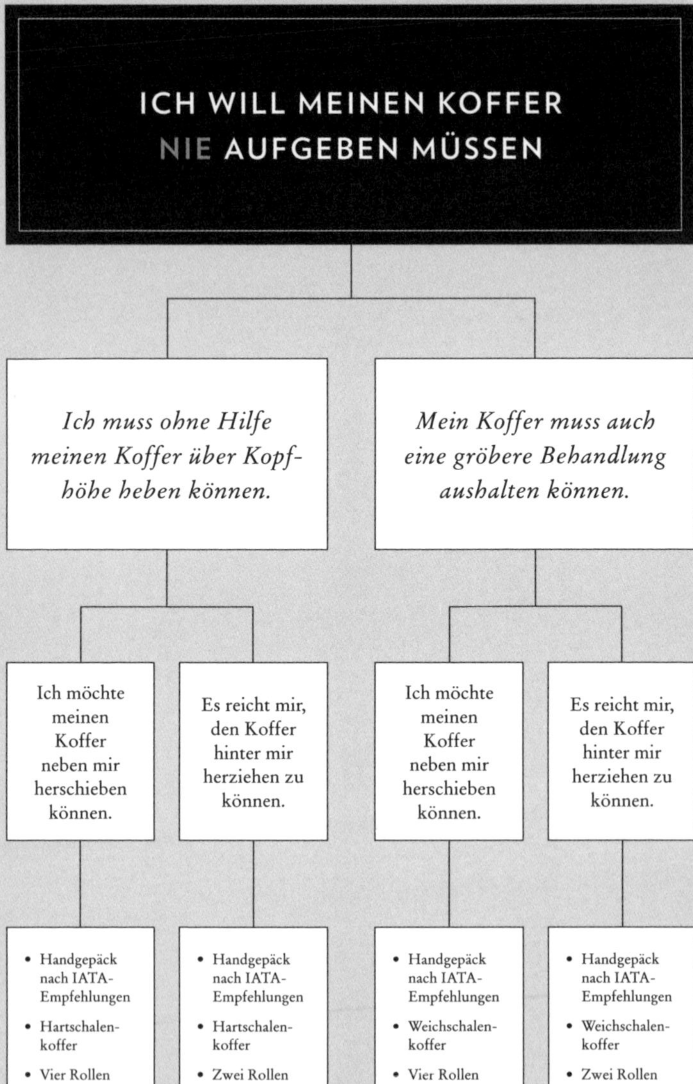
ICH WILL MEINEN KOFFER NIE AUFGEBEN MÜSSEN
Ich muss ohne Hilfe meinen Koffer über Kopfhöhe heben können.
Mein Koffer muss auch eine gröbere Behandlung aushalten können.
Ich möchte meinen Koffer neben mir herschieben können.
Es reicht mir, den Koffer hinter mir herziehen zu können.
Ich möchte meinen Koffer neben mir herschieben können.
Es reicht mir, den Koffer hinter mir herziehen zu können.
• Handgepäck nach IATA-Empfehlungen • Hartschalenkoffer • Vier Rollen
• Handgepäck nach IATA-Empfehlungen • Hartschalenkoffer • Zwei Rollen
• Handgepäck nach IATA-Empfehlungen • Weichschalenkoffer • Vier Rollen
• Handgepäck nach IATA-Empfehlungen • Weichschalenkoffer • Zwei Rollen

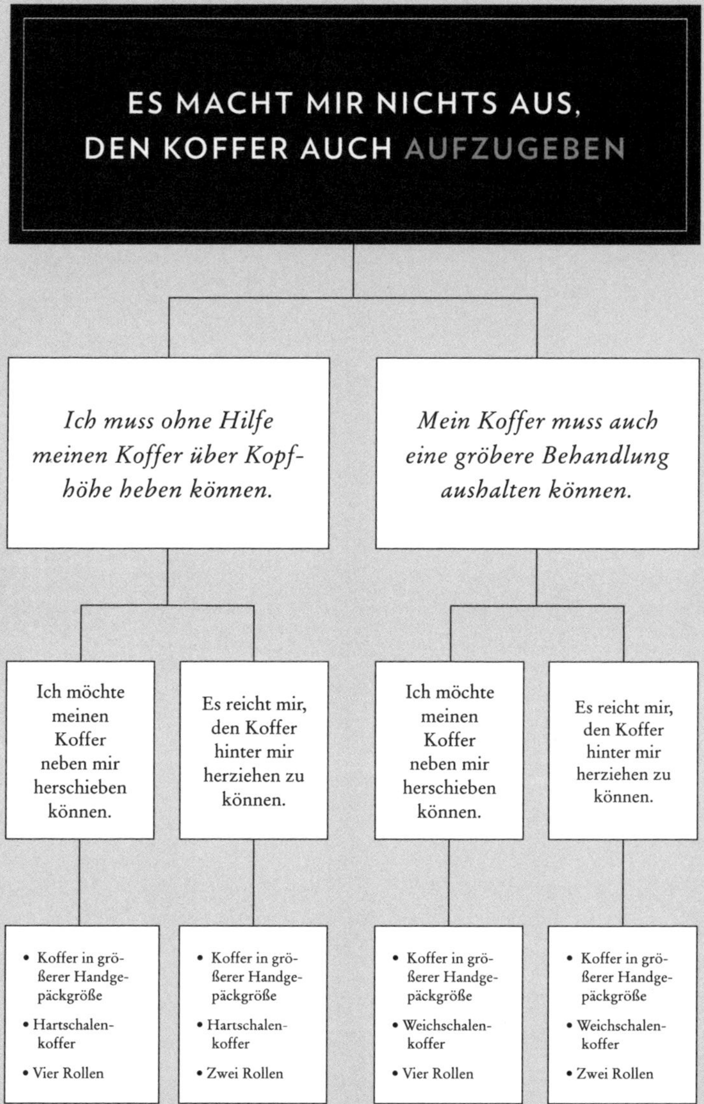
ES MACHT MIR NICHTS AUS, DEN KOFFER AUCH AUFZUGEBEN
Ich muss ohne Hilfe meinen Koffer über Kopfhöhe heben können.
Mein Koffer muss auch eine gröbere Behandlung aushalten können.
Ich möchte meinen Koffer neben mir herschieben können.
Es reicht mir, den Koffer hinter mir herziehen zu können.
Ich möchte meinen Koffer neben mir herschieben können.
Es reicht mir, den Koffer hinter mir herziehen zu können.
• Koffer in größerer Handgepäckgröße • Hartschalenkoffer • Vier Rollen
• Koffer in größerer Handgepäckgröße • Hartschalenkoffer • Zwei Rollen
• Koffer in größerer Handgepäckgröße • Weichschalenkoffer • Vier Rollen
• Koffer in größerer Handgepäckgröße • Weichschalenkoffer • Zwei Rollen

Kein Chaos im Koffer

Tipps für die richtigen Ordnungshelfer

GRÖSSERE DINGE

Für Ordnungsfanatiker sind Packhilfen ein wunderbares Extra, für die weniger gut Organisierten eine Notwendigkeit. Die richtigen Hilfsmittel ersparen Ihnen Zeit, Energie und Platz. Sie nehmen Ihnen Arbeit ab und machen das Packen fast zum Kinderspiel. Stellen Sie sich eine Auswahl in gut passenden, leuchtenden Farben zusammen, sodass Ihnen schon beim Öffnen des Koffers gute Laune entgegenlacht. Hier die wichtigsten Hilfsmittel und Accessoires.

SCHUHBEUTEL

Ein leichter und dennoch robuster Schuhbeutel schützt sowohl die Schuhe als auch die Kleidung. Günstig ist, wenn drei Paar Schuhe hineinpassen. Achten Sie auf ein waschmaschinengeeignetes Material aus strapazierfähigem Leinen oder Nylon. Sicher könnte man auch eine Plastiktüte nehmen, aber diese reißen leicht ein und verschmutzen die Kleidung – und das will man ja vermeiden! Ich selbst nutze gerne einen Schuhbeutel von Hudson+Bleecker – er ist geräumig und passt gut in meinen Koffer. Außerdem ist die Auswahl an Farben und Mustern groß.

FALTHILFEN

Diese speziellen Bretter zum Falten von Wäsche leisten überaus gute Dienste, und zwar nicht nur beim Packen, sondern überhaupt nach jeder Wäsche. Dank eines simplen Faltbretts werden alle Kleidungsstücke auf exakt dieselbe Größe gefaltet. Das spart Platz im Koffer und vermeidet unnötiges Verknittern. Haben Sie die schön gestapelten T-Shirts im Laden vor Augen? Es ist ein tolles Gefühl, auch die eigene Kleidung so zu sehen. Und bei der Auswahl der Reisekleidung hilft es auch.

PACKWÜRFEL

Diese praktischen Packtaschen sorgen dafür, dass der Kofferinhalt nicht durcheinandergerät. Das macht es leichter, Ordnung zu halten, verhindert Knitterfalten und zwingt dazu, kompakt und effizient zu packen. Ein Packwürfel sollte strapazierfähig und maschinenwaschbar sein. Es lohnt sich, in eine langlebige Qualität zu investieren, damit man lange etwas davon hat. Testen Sie den Reißverschluss vor dem Kauf ruhig mehrfach. Am besten sind solche aus Metall. Packtaschen aus Netzgewebe reißen leicht oder bleiben hängen – besser ist Nylon oder Leinen.

Ich selbst nutze gern das Spacepak von FLIGHT 001, denn es bietet Platz für all meine gut gerollten und gefalteten Dinge sowie ein Fach für die schmutzige Wäsche. Ob Sie lieber Packwürfel im Set nehmen oder sich einzelne Packtaschen zulegen, liegt ganz bei Ihnen. Falls Sie jedoch zu einem Set tendieren, dann achten Sie darauf, dass sie auch in gefülltem Zustand gut in den Koffer passen.

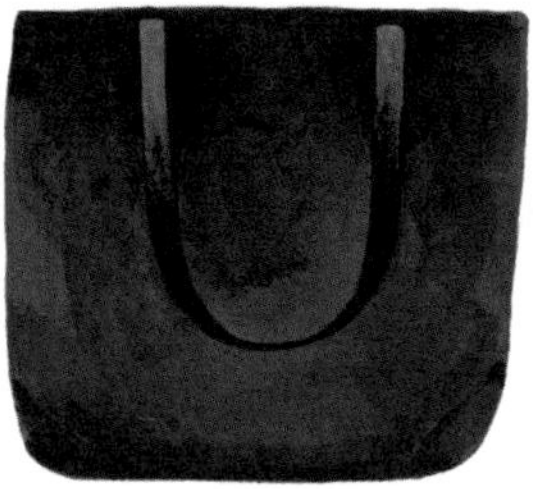

ZUSÄTZLICHES HANDGEPÄCK

In meiner eigentlichen Bordtasche habe ich immer gern eine dieser kleinen faltbaren Nylon-Henkeltaschen dabei, die zur Not auch einmal als Strandtasche oder Wäschebeutel fungieren können. Und falls ich unterwegs etwas finde, das als Handgepäck mit muss, kann ich es darin verstauen und im Gepäckfach unterbringen. Eine sperrige Tasche müsste unter dem Vordersitz verstaut werden und würde mir Beinfreiheit wegnehmen. Am allerliebsten nehme ich die faltbaren Nylon-Taschen von BAGGU.

REISE-DAMPFGLÄTTER

Dampf hilft nicht nur gegen Knitterfalten in der Kleidung, sondern frischt sie gleichzeitig auf und beseitigt Gerüche. Dämpfen ist zudem einfacher als Bügeln und für mehr Stoffarten und Kleidungsstücke geeignet. Das mag manch einem als übertriebenes Accessoire vorkommen, ist für mich aber Grundausstattung. Mein Dämpfer ist kleiner und leichter als ein Föhn, nimmt also nicht viel Platz im Koffer ein – die Modefreaks, die ich kenne, schwören darauf. Und in der zugehörigen Tasche lassen sich kleine Dinge verstauen, die sonst verloren gehen könnten.

KULTURBEUTEL

Ihre Körperpflegemittel sollten immer gut verpackt sein – ausgelaufenes Shampoo oder eine geplatzte Tube kann die ganze Reise verderben. Wichtig ist daher eine Tasche mit wasserfester und leicht zu reinigender Fütterung. Ein Beutel mit einer Größe von etwa 18 × 20 × 5 cm nimmt alle flüssigen Toilettenartikel gut auf. Bei diesem Format kann alles flach nebeneinander liegen und fliegt nicht durcheinander wie in einer Plastiktüte. Am besten hat man diese Tasche immer fertig gefüllt mit allen benötigten Artikeln in fürs Flugzeug geeigneter Größe bereit. Medikamente und Brillen sollten am Reisetag im Handgepäck verpackt werden.

WÄSCHEBEUTEL

Wie zuvor erwähnt, finde ich Packwürfel mit Wäschefach besonders günstig. Wenn Sie Ihre Kleidungsstücke lieber ganz getrennt nach sauber und schmutzig aufbewahren, eignet sich ein stabiler Leinen- oder Nylonsack mit Kordelzug. Die vom Hotel bereitgestellten Plastiktüten dagegen sind sehr dünn und schließen Gerüche nicht gut ein, sodass irgendwann der ganze Koffer nach schmutzigen Socken müffeln könnte. Stabilere Wäschebeutel leisten da bessere Dienste und sind umweltfreundlicher.

LADEKABEL-ETUI

Für die verschiedenen Ladekabel, die man so braucht, reicht ein kleines Täschchen, aber meiner Erfahrung nach lohnt es sich, die wichtigsten Kabel doppelt anzuschaffen und immer reisefertig bereitzuhalten.

KLEINERE DINGE

SCHMUCKETUI

Was könnte schlimmer sein, als mit verknoteten Ketten am Ziel anzukommen? Ihr Schmucketui sollte eine Aufbewahrung für Ohrringe enthalten und mehrere Fächer, um größere Stücke separat von kleineren, zierlichen unterzubringen. Es sollte möglich sein, auch lange Halsketten unterzubringen, ohne dass sie sich verknoten. Mein Schmucketui von Hudson+Bleecker ist genauso schön, wie der Schmuck, der hineinkommt.

SCHMINKETUI

Sämtliche Schminkutensilien sollten in einem leicht zu reinigenden Etui verstaut werden, das speziell für empfindliche Gegenstände und Schminkpinsel gedacht ist. Wer besonders viele Schminkutensilien nutzt, ist mit einer weichen, gut unterteilten Tasche mit einem Fach für Schminkpinsel und mehreren Reißverschlussfächern gut bedient, die dafür sorgen, dass alles schön ordentlich und sauber bleibt. Stephanie Johnson stellt eine Vielzahl verschiedener Make-up- und Schminkpinsel-Etuis für jeden Bedarf her.

REISEBRIEFTASCHE

Die in vielen Varianten verfügbaren Reiseorganizer sind extrem nützlich. Sie sollten Platz bieten für Reisepass, Ausdrucke der Reisedokumente, Vielfliegerkarten und eine reisefreundliche Kreditkarte.

Ground Control
Die persönliche Packstation

Ein spezieller Ort rund ums Packen macht die Vorbereitungen aller kommenden Reisen angenehmer und übersichtlicher. Bestimmen Sie einen Ort in Ihrer Wohnung, der nur für Reise- und Packutensilien vorgesehen ist. Reicht der Platz nicht aus für einen eigenen Bereich, tun es auch ein oder zwei Regalfächer. Hier können Sie dann Handgepäck, Bordtasche, Kulturbeutel und Packutensilien alle am selben Ort aufbewahren.

Dekoriert mit Mitbringseln und Fotos vergangener Reisen sorgt dieser Ort für die richtige Aufbruchstimmung. So ist die Packstation nicht nur praktisch, sondern regt auch zum Träumen an. Ist sie einmal angelegt, können Sie anfangen, sich Ihre möglichen zukünftigen Reisen vorzustellen. Spüren Sie die Sonne auf Ihrem Gesicht, denken Sie an wunderbare Bauten, an exotisches Essen oder auch die Geschäftsreisen, auf die Sie sich begeben werden. Sie sind auf dem besten Weg, ein wirklicher Reiseprofi zu werden.

JOURNEY
AUSTRALIA
PHOTOS
TRAVEL BOOK
INDIA

Perfekt angezogen

KLEIDUNG RICHTIG AUSGESUCHT

Für die meisten Reisenden ist das der schwierigste Teil des ganzen Packens. Lassen Sie sich nicht einschüchtern, letztlich lösen Sie die Kleiderfrage doch jeden Tag mit Erfolg. Man stellt sich viel zu häufig vor, reisetaugliche Outfits zu packen sei etwas ganz anderes, als sie zu Hause zusammenzustellen. Das stimmt einfach nicht. Sie kreisen doch Tag für Tag um bestimmte Kleidungsstücke und entscheiden sich mal für das eine, mal für das andere Outfit, in dem Sie sich passend gekleidet, stark und gut fühlen. Beim Packen ist es ganz genauso. Wenn Sie verreisen sind Sie immer noch dieselbe Person – Sie wählen Ihre Kleidung aus einer Ihnen bestens vertrauten Umgebung aus: Ihrem Kleiderschrank! Schauen wir uns also einfach an, wie Sie aus dem, was Sie einpacken, das meiste herausholen können – und dabei eine gute Figur machen.

Für jedes Wetter

Dem Wetter kommt bei der Auswahl der Kleidungsstücke eine Schlüsselrolle zu. Zwar hat man in der Regel vor einer Reise die Wetterentwicklung im Blick, wie es sich dann aber, einmal angekommen, wirklich anfühlen wird, bleibt eher unklar. Zum einen können sich 15 Grad je nach Person lau oder frostig anfühlen. Zum anderen muss man bei den Wetteraussichten für den Zielort auch darauf achten, wie stark die Temperatur abends abfällt und welche Niederschlagsmengen zu erwarten sind. Praktisch ist es, am Zielort jemanden zu kennen, dann können Sie fragen, welche Kleidung zuletzt angebracht war. Wichtigstes Kriterium dafür, was auf die Packliste kommt, bleiben die zu erwartenden Temperaturen.

Die Grundlagen

Wäsche für den Tag und für die Nacht

Unterwäsche gehört zu den besonders häufig vergessenen Dingen. Oder es wird zu viel mitgenommen, weil alles so wenig aussieht, dass man meint, man könne ruhig noch mehr mitnehmen. So bleibt am Ende weniger Platz für andere benötigte Dinge. Wie wäre es mit etwas Mathematik? Mithilfe dieser einfachen Gleichungen haben Sie alles dabei, was Sie brauchen, ohne sich mit zu vielen und überflüssigen Dingen zu verzetteln.

UNTERWÄSCHE

ANZAHL DER TAGE AM ZIELORT + DIE HÄLFTE DER ANZAHL DER TAGE AM ZIELORT

ANMERKUNG: Falls Sie eine weiße Hose oder ein weißes Kleid einpacken, sollten Sie auch an hautfarbene Unterwäsche denken.

BHS

1 schwarzer BH

+

1 trägerloser BH oder BH mit variablen Trägern

+

1 hautfarbener BH

SHAPEWEAR

DIE ANZAHL DEN JEWEILIGEN OUT-FITS ANPASSEN + 1 RESERVE-SET

NACHTWÄSCHE

1 Set Nachtwäsche für jeweils drei Tage

+

1 Loungewear-Outfit

Rundum fit

Sportkleidung für unterwegs

Schnell trocknende Materialien sind bei reisetauglicher Sportkleidung erste Wahl. Sie sind angenehmer beim Workout und zudem schnell gewaschen und bereit für einen neuen Einsatz. Maximal drei Sport-Outfits reichen, gewaschen werden sie einfach im Waschbecken. Praktisch sind einfache schwarze Leggings als Workout-Hose – so haben Sie gleich noch eine bequeme Hose fürs Hotel und für die Rückreise.

Power-Pieces, die ins Ziel treffen

Wie lassen sich Power-Pieces umschreiben? Ihre Power-Pieces, die für Sie persönlich unverzichtbaren Kleidungsstücke, sind ebenso einmalig wie Sie selbst und reflektieren Ihren ganz persönlichen Stil. Mit ihnen fühlen Sie sich immer gut gekleidet. Manche Menschen sehen in bewährten Klassikern oder Power-Pieces in neutralen Farben die erste Wahl. Doch das ist eine Binsenweisheit. Jeder hat seine ganz persönlichen Power-Pieces. Die einen tragen immer nur Hosen, die anderen dagegen lieben Kleider. Ich persönlich fühle mich in Klassikern am wohlsten: schwarze Röhrenhose, elegante weiße Bluse, marineblauer Blazer. Eine Kundin von mir dagegen liebt leuchtende Farben – jedes Stück in ihrem Schrank spiegelt ihre überschäumende Persönlichkeit wider. Bei ihr sehen die »neutralen« Farben so aus: Gelbgrün, Goldgelb und Magenta. In meinen neutralen Farben würde sie sich unwohl fühlen, genau wie ich mich in ihren. Der Punkt ist, man sollte sich heimisch fühlen, auch an fernen Orten, und bequem sollte es sowieso sein. Stellen Sie sich folgende Frgen: Was ziehe ich am häufigsten an? Was reizt mich besonders? Was ist für mich absolut unverzichtbar? Welche Merkmale ziehen sich wie ein roter Faden durch meine Garderobe? Genau dies sind Ihre Power-Pieces. Das könnte eine Chambray-Hemdbluse sein, ein legerer Cardigan, aber auch ein strapazierfähiger Bleistiftrock. Egal wie Ihre persönlichen Power-Pieces aussehen, um zu erkennen, welche davon als Reisekleidung geeignet sind, finden Sie auf der folgenden Seite eine Liste wichtiger Kriterien.

UNTERTEILE (SHORTS, HOSEN UND RÖCKE)

- Sie tragen sie häufiger als alle anderen Hosen oder Röcke.
- Sie leiern nicht nach zweimaligem Tragen aus.
- Sie sind in Ihrer persönlich bevorzugten neutralen Farbe (meist Schwarz, Braun oder Marine- bzw. Jeansblau).
- Auch bei einem aufgeblähten Bauch nach dem Flug oder kleinen Reisesünden sind sie nicht zu eng.
- Sie müssen nicht lange in Ihren Schrank schauen, damit sie Ihnen einfallen.

OBERTEILE (BLUSEN UND PULLOVER)

- Ihr Stil passt gut zu den eingepackten Unterteilen. Meine Faustregel lautet: enges Unterteil mit locker fallendem Shirt und enges Shirt mit locker fallendem Unterteil.
- Sie fusseln und flusen nicht auf der Kleidung.
- Mit den Farben und Mustern fühlen Sie sich wirklich wohl.
- Sie sind nicht kompliziert oder empfindlich.
- Sie sehen an Ihnen jederzeit gut aus.

KLEIDER UND JUMPSUITS

- Sie sind angemessen für den jeweiligen Anlass. Achten Sie auf Dekolleté, Saumlänge und wie eng das Kleid sitzt, damit es zur Situation passt.
- Sie sind immer schmeichelhaft. Auf Reisen nimmt man schnell mal ein oder zwei Kilo zu. Nehmen Sie Kleider, in denen Sie selbst an Ihren schlechtesten Tagen eine gute Figur machen.

OBERBEKLEIDUNG

- Sie sollte an die unteren Erwartungen der Wettervorhersage angepasst sein (einschließlich Wind und Feuchtigkeit) und auch bei rauem Wetter schützen.
- Sie passt zu den anderen ausgewählten Kleidungsstücken.

Optimale Nutzung der Power-Pieces

Nun wissen Sie, welches Ihre Power-Pieces sind, und können deren »Power« auch wirklich voll und ganz ausschöpfen. Somit sind Sie auf dem besten Weg zu einem Packprofi. Sehen Sie Ihre Kleidung nicht als Sammlung einzelner Outfits an, sondern stellen Sie sich Ihren Koffer als eine kompakte Zusammenstellung von HUIs (High Usage Items) vor. Gemeint sind damit Kleidungsstücke, die sich vielseitig einsetzen lassen, denn jetzt ist Kombinieren angesagt. Sich mehrere vollständige Outfits zurechtzulegen – wie es viele tun – ist der Hauptgrund für zu viel Gepäck. Bei einzelnen separaten Outfits werden automatisch mehr Dinge eingepackt, als eigentlich benötigt werden, denn es ist kaum davon auszugehen, dass sie mehr als einmal angezogen werden.

Während Sie im Kopf eine Liste der Power-Pieces zusammenstellen, überlegen Sie, wie diese so oft wie möglich getragen und kombiniert werden können (siehe Vorschläge Seite 45), ohne dabei zu übertreiben. Überlegen Sie, wie Sie diese Dinge im Alltag tragen – daran muss sich auf Reisen nichts ändern. Die in der Tabelle vorgeschlagenen Nutzungszahlen sind eben lediglich genau dies – Vorschläge. Heißt das nun, Sie sollten einen Blazer nicht mitnehmen, nur weil Ihnen keine fünf Varianten einfallen, ihn zu kombinieren? Natürlich nicht. Es handelt sich nur um Anhaltspunkte und natürlich hängt es letztlich auch von der Reiseroute ab. Grundsätzlich aber gilt: Die meisten Kleidungsstücke in Ihrem Koffer sollten praktisch und vielseitig einsetzbar sein. (Anhand der Muster-Packlisten auf den Seiten 72–83 sehen Sie Beispiele für Power-Pieces im Einsatz und werden feststellen, auf welch vielfältige Weise sie auf einer einzigen Reise getragen werden können. *So* sieht perfektes Packen aus.)

T-Shirts
2 Nutzungen
(siehe Tipp auf Seite 47)

Blusen
2–3 *Nutzungen*

Pullover
3–4 Nutzungen

Blazer
4–5 Nutzungen

Hosen und Röcke
2–3 Nutzungen

Kleider
2–3 Nutzungen

Highlight-Stücke

Mal Seide, mal Pailletten

Fantasie und Träume sind für mich sehr wichtig. Ich stelle mir gern vor, auf einer Reise einem gut aussehenden Fremden zu begegnen und glücklich miteinander zu leben. Genau genommen habe ich so meinen Mann kennengelernt! In meiner Vorstellung trage ich ein tolles Cocktailkleid mit atemberaubenden High Heels und tanze die ganze Nacht hindurch. In Wahrheit trug ich einen hellgelben Rock, einen schwarzen Cardigan und flache schwarze Ballerinas … Beim Packen beschreiten Sie einen goldenen Mittelweg.

Obwohl man natürlich auch fern von Zuhause immer derselbe Mensch ist, so lässt man doch stets seinen Alltag hinter sich und wächst über sich hinaus. Es spricht ja nichts dagegen, sich auszumalen, wie wundervoll es wäre, im geblümten Kleid in einem romantischen Barockgarten Champagner zu nippen, aber eigentlich sieht es oft doch eher so aus, dass man nur über eine lange Parkallee in der prallen Sonne dorthin gelangt und die Temperatur sinkt,

UNTER DIE MENSCHEN MISCHEN

Es ist nicht immer einfach, sich den eigenen Vorlieben entsprechend zu kleiden und sich gleichzeitig auch den örtlichen Gepflogenheiten anzupassen. Während es in New York City oder Hong Kong perfekt passt, von Kopf bis Fuß in Schwarz gekleidet zu sein, ist dies in Miami oder gar auf einer Hochzeit eher fehl am Platz. Aber auch andere kulturelle und geschäftliche Gepflogenheiten im Ausland können die Garderobe einschränken. Wem es wichtig ist, sollte vorab ein wenig im Internet recherchieren, z. B. auf Instagram oder Streetstyle-Blogs. Man muss ja nicht gleich eine komplett neue Garderobe kaufen, aber gut kombinierbare Power-Pieces lohnen immer.

bevor man wieder im Hotel ist. Auch ein gut passender Regenmantel kann sinnvoll sein, um nicht irgendwann ein Souvenir-Sweatshirt oder einen schlecht sitzenden Pulli kaufen zu müssen – auch wenn die Wirklichkeit ignoriert wird, können Träume baden gehen.

Dabei möchte ich Träumereien unbedingt ihren Platz lassen. Event-Kleider sind hier praktisch, weil sie am wenigsten Platz einnehmen. Meist geht es um Veranstaltungen wie eine Hochzeit oder eine Gala, zu denen man sich, selbst zu Hause, nur zu dem einen Anlass so kleiden würde. Ist also der Dresscode erst einmal geklärt, kann man seinen Kleider-Träumen freien Lauf lassen. Denken Sie daran: Highlight-Stücke müssen nicht auf festliche Anlässe beschränkt sein. Für jede Reise könnten Sie ein Kleidungsstück einpacken, das für Sie etwas ganz Besonderes ist – einen paillettenbesetzten Blazer für ein besonderes Dinner, eine schicke Lederhose oder jenes Spitzenkleid, in dem Sie so toll aussehen. Rechnen Sie einfach pro fünf Tage Reise ein Highlight-Stück, aber niemals mehr als drei insgesamt.

EIN PAAR WORTE ZU T-SHIRTS

Bei Oberteilen weisen T-Shirts, die sich als Power-Pieces auszeichnen, andere Eigenschaften auf als Blusen oder Pullover. Weiße T-Shirts sind zwar ein echter Klassiker, allerdings verschmutzen sie schnell, weshalb graue oder dunkle Shirts doch empfehlenswerter sind. Sie werden häufig nur einmal getragen, können aber beim Sport oder als Nachtwäsche noch einmal genutzt werden, bevor sie im Wäschebeutel landen.

Frische Brise

Wäschepflege unterwegs

Das Problem bei jedem erfolgreichen Outfix-Remix besteht darin, die Kleider sauber zu halten, ohne auf den überteuerten Wäscheservice vom Hotel zurückzugreifen. Sie werden es kaum glauben, aber eigentlich haben Sie schon alles dabei, um unterwegs Ihren Sachen frischen Schwung zu geben. Nehmen Sie sich am Ende jedes Reisetages

Art der Kleidung	*Sie benötigen*
Unterwäsche und Workout-Kleidung	Shampoo aus dem Hotelzimmer
Kleidungsstücke aus leichten Stoffen (Baumwolle, Seide, Denim)	Textilerfrischer wie Febreze oder einen Dampfglätter und ätherische Öle.
Kleidungsstücke aus schwereren Materialien (Wolle, Strickware)	Trocknertücher

ein paar Minuten Zeit, um alles, was erneut getragen werden soll, rasch auf Vordermann zu bringen. Die folgende Tabelle liefert dazu einige Tipps.

Vorgehensweise
Lassen Sie heißes Wasser in das Waschbecken ein und lösen Sie etwa 1/2 Teelöffel Shampoo darin auf. Dann 2–3 Wäschestücke in das Wasser geben und leicht durchwaschen. Anschließend die Wäschestücke in klarem Wasser gründlich ausspülen und zum Trocknen auf die Handtuch- oder die Vorhangstange der Dusche hängen.
Mit dem Spray die Kleidungsstücke aus 20 cm Abstand einsprühen, auf einen Bügel hängen und trocknen lassen. Beim Dampfglätter 1–2 Tropfen ätherisches Öl in die Dampfkammer geben und Wasser einfüllen. Dann einschalten, und sobald Dampf austritt, vorsichtig die Falten aus der Kleidung dämpfen. Zum Trocknen aufhängen.
Legen Sie das Kleidungsstück auf das Bett und reiben Sie es mit einem Trocknertuch ab. Wenn Sie beim Aufhängen im Kleidungsstück ein Trocknertuch platzieren, wird es noch frischer.

Schick unterwegs

Praktische Kleidung auf der Reise

Reiseoutfits müssen einen schmalen Grat zwischen stylish und bequem beschreiten. Am besten sind dabei Dinge, die für einen langen Reisetag geeignet sind, aber auch während des Aufenthalts sowie auf der Rückreise getragen werden können. Mehrere leichtere Stoffschichten sorgen für angenehmen und doch schicken Tragekomfort.

1. Leggings aus schwerem Jersey oder elastische Jeans sorgen für viel Bequemlichkeit.
2. Ein Tanktop aus Baumwolle ist atmungsfähig, bietet aber auch eine Extra-Schicht Wärme.
3. Ein langärmeliges T-Shirt ist immer richtig, egal ob es auf dem Flug eher kühl oder warm ist.
4. Ein Blazer oder Cardigan hält warm und peppt Ihr Outfit auf, ganz abgesehen davon, dass er am Zielort als vielseitige Oberbekleidung dient.
5. Ein breiter Schal dient nicht nur als schickes Accessoire, sondern im Flieger auch als Decke.
6. Kompressionsstrümpfe oder dünne Kaschmir-Socken halten warm und sind allemal besser, als barfuß durch die Sicherheitskontrolle zu gehen.

Inzwischen haben Sie einen guten Überblick über Ihre Power-Pieces und Ihre Highlight-Stücke, über das, was unterwegs praktisch ist und wie Sie auf Reisen alles in Schuss halten, sodass es nun viel leichter fallen wird, die richtige Kleidung für Ihre Reise zusammenzustellen. Sie hatten sich vielleicht vorgestellt, es ginge beim Packen nur darum, Dinge in einem Koffer unterzubringen, wie man sie rollt oder faltet (dazu später mehr), aber mit dem bis jetzt erworbenen Überblick haben Sie einige Ansätze an der Hand, damit die Vorbereitungen der nächsten Reise weniger Stress machen.

HINWEIS: Packen Sie für einen Nachtflug auch ein sauberes T-Shirt und Ersatzunterwäsche ein. Nach einer langen Reise kann dies viel dazu beitragen, sich besser zu fühlen.

Geheimwaffen

DIE RICHTIGEN ACCESSOIRES ENTSCHEIDEN

Accessoires machen das gewisse Etwas aus, um sich wirklich gut angezogen zu fühlen. Sie machen Ihren Look einzigartig und sorgen dafür, dass Sie sich in Ihrer Haut wohlfühlen, auch wenn nur eine begrenzte Garderobe zur Verfügung steht. Wer möchte dabei schon Abstriche machen, nur weil man unterwegs ist? Und das muss auch nicht sein. Schauen wir uns an, was es rund ums Packen dieser zwar kleinen, aber dennoch wichtigen Dinge zu beachten gilt.

Das Mathegeheimnis

Die Summe eines gelungenen Outfits

Accessoires wählt man am besten auf ähnliche Weise aus wie ein Buch oder einen Film. Genauer gesagt, von beiden Dingen können Sie nie zwei zur selben Zeit nutzen, und Sie wissen instinktiv, worauf Sie gerade Lust hat. Dasselbe gilt auch für Accessoires. Man trägt nur ein paar Schuhe und nimmt nur eine Tasche mit, vor der Entscheidung steht also sorgfältiges Überlegen. Die Kriterien für Power-Pieces betreffen nicht nur Kleidung, sondern kommen auch hier zum Tragen.

Stellen Sie sich all Ihre bevorzugten Accessoires vor. Und dann wenden Sie darauf die entsprechende Formel an. Diese Gleichung ist von enormer Bedeutung. Sollten Sie nur einem Ratschlag aus diesem Buch folgen wollen, dann bitte diesem. Er wird Ihre Art zu packen nachhaltig beeinflussen. Fast jeder packt viel zu viel Zubehör ein, weil es ja scheinbar nur Kleinigkeiten sind. Halten Sie sich an die Formel!

DREI PAAR SCHUHE

+

ZWEI TASCHEN

+

Schal

Sonnenbrille

JEWEILS EIN EXEMPLAR

+

Hut *(nach Belieben)*

Gürtel *(nach Belieben)*

Schauen wir uns das noch etwas genauer an. Wie bei der Kleidung sollten Sie auch hier einen Mittelweg zwischen Power-Pieces und Highlight-Stücken gehen. Zu den Power-Pieces gehören immer zwei Paar Schuhe, eine große Tasche und die Sonnenbrille. Wenn Sie regelmäßig Sport machen, wird eines dieser beiden Schuhpaare aus Sneakern bestehen. Wenn es Ihnen wichtig ist, ein zweites Paar modischer Ballerinas oder Absatzschuhe dabeizuhaben, ziehen Sie sportliche Betätigungen für die Reise in Betracht, die keine Sportschuhe erfordern, möglicherweise Yoga im Hotelzimmer oder einen Spinning-Kurs, bei dem Sie sich Schuhe leihen können. Ein Paar Schuhe und eine kleine Handtasche können Ihre Highlight-Stücke sein, insbesondere, wenn Sie ein Outfit für einen besonderen Anlass vorgesehen haben. Der Schal ist irgendwo dazwischen einzuordnen – er sollte dem Klima am Reiseziel ebenso angepasst werden wie auch den Gelegenheiten, zu denen Sie ihn tragen möchten. Farbe oder Muster hingegen lassen viel Freiraum. Dasselbe gilt für den Hut, wobei dieser sowie der Gürtel kein Muss sind. Sie können so viel Schmuck einpacken, wie Sie mögen, solange alles leicht in ein einziges Etui oder Täschchen passt.

Gut verstaut

Accessoires richtig einpacken

An diesem Punkt kommen die praktischen Packhilfen, die Sie sich zugelegt haben, so richtig zum Einsatz. Ordnen Sie darin Ihre Accessoires ein, so behalten Sie den Überblick.

Dank der verschiedenen Fächer und Vorrichtungen können Sie Ihren Schmuck perfekt verstauen. Die Ohrringe werden durch kleine Löcher gesteckt und kleine Ketten und Armbänder kommen in Reißverschlussfächer.

Die zwei kleinsten Schuhpaare kommen in den Schuhbeutel, die sperrigsten werden auf der Reise angezogen. Verstauen Sie Ihre Pumps platzsparend umgedreht zueinander und Socken in den im Schuhbeutel verbliebenen Zwischenräumen.

SIE HABEN KEIN SCHMUCKETUI? KEIN PROBLEM!

Gönnen Sie sich einfach eine Flasche Wein vor dem Packen. In den Korken können Sie dann Ihre Ohrringe stecken und schon fliegen sie nicht mehr herum. Packen Sie auch zwei Paar stabile Ohrsteckerverschlüsse als Ersatz ein, die für alle Ohrringe im Weinkorken passen.

Zur Not lassen sich aus dem Korken sogar zwei Mini-Ersatz-Verschlüsse schneiden. Empfindliche Ketten können einzeln durch Strohhalme gefädelt werden, damit sie nicht verknoten.

Verstauen Sie den Schal oder andere kleine Dinge im Hut und legen Sie ihn mit der Krempe nach unten in den Koffer. Packen Sie dann schwerere Gegenstände wie Kleiderstücke oder Accessoires so auf den Hut, dass er gut die Form hält.

Ein im Blusenkragen verstauter Gürtel spart Platz und sorgt dafür, dass der Kragen nicht knittert.

Schnell kann es passieren, unnötig viele Accessoires einzupacken. Falls Sie hier schon ein Minimalist sind, prima. Aber selbst wenn Sie zur Kategorie »je mehr, desto besser« gehören, können Sie auf die Formeln für Accessoires zurückgreifen, damit alles überschaubar bleibt und Sie dennoch toll aussehen.

Pack dich schön!

KÖRPERPFLEGE UND KOSMETIK-MUST-HAVES

Warum sollte man nicht auch auf Reisen so strahlend und gut wie möglich aussehen? Ob es um die Feuchtigkeitscreme geht, mit der Ihre Haut sich am wohlsten fühlt, Ihre vertraute Maskara oder das einzige Haarpflegemittel, das Ihre Mähne zähmen kann … Sie wollen sich auch auf Reisen in Topform fühlen. Und hier kommen nun die schönen kleinen Miniausgaben der ansonsten eher sperrigen Packungsgrößen von Lotionen und sonstigen Produkten ins Spiel. In diesem Kapitel geht es darum, alles zusammenzustellen – von wichtigen Dingen aus der Hausapotheke bis hin zum bevorzugten Lipgloss.

Badezimmerblues

Alles, was man braucht

Beginnen wir bei den Körperpflegemitteln. Eine schnelle Inventur Ihrer täglich verwendeten Produkte macht deutlich, was man braucht und wie man es am günstigsten verpackt. Das Wichtigste zuerst: Schauen Sie nach, welche Dinge aus Ihrem Badezimmerschrank Sie am häufigsten verwenden, und schreiben Sie sie auf, sortiert nach der Zahl der Anwendungen. Am besten machen Sie das gleich jetzt mithilfe dieses Formulars.

Anschließend nehmen Sie sich einen Moment Zeit, um all das zu kennzeichnen, was unverzichtbar ist und mit muss. Wenn Ihre Haare nur auf eine spezifische Behandlungsroutine mit besonderen Produkten ansprechen, dann markieren Sie dies. Wenn Ihnen das Duschgel im Grunde egal ist, dann lassen Sie es weg.

Ganz wichtig, trennen Sie nach flüssigen und nicht flüssigen Pflegeprodukten. Flüssige Körperpflegemittel sind im Handgepäck auf jeweils 100 ml beschränkt und dürfen insgesamt nicht mehr als einen 1-l-Beutel füllen. Feste Stoffe und Puder dagegen können auch in größeren Behältern verstaut werden.

Schauen wir uns die Flüssigkeiten einmal an. Die auf der Liste markierten Dinge – also all jene für Sie unersetzlichen Körperpflegemittel – sollten als Reisegröße gekauft werden oder in 100-ml-Gefäße umgefüllt werden.

Wie sieht es mit den übrigen Flüssigkeiten auf der Liste aus? Auf welche davon könnten Sie eventuell verzichten – entweder indem Sie die Produkte vom Hotel (etwa Körperlotion) oder ein nicht flüssiges Produkt (Reinigungstücher) nutzen? Probieren Sie

ZWEIMAL TÄGLICH	
flüssig	*nicht flüssig*

EINMAL TÄGLICH	
flüssig	*nicht flüssig*

GELEGENTLICH	
flüssig	*nicht flüssig*

einiges aus, bevor Sie sich entscheiden und die entsprechenden Dinge kaufen.

Die wahren Kosmetik-Junkies wissen immer, welche Produkte in Reisegröße verkauft werden und wo es die besten Produktproben gibt. Hier gilt es, die Augen aufzuhalten und pfiffig zu sein. Schauen Sie sich um in Fachgeschäften, Drogeriemärkten, Apotheken, aber auch online. Erkundigen Sie sich beim nächsten Friseurbesuch, ob es Ihr spezielles Haarwachs vielleicht in Minigröße gibt.

Für nur selten und in kleinsten Mengen benötigte Produkte sind oft die kleinen Behälter für Kontaktlinsen praktisch. Ich selbst fülle mir beispielsweise darin Shampoo und Spülung für je eine Anwendung ab. Auch Augencreme, Lippenpeeling, Nagelhaut-Öl und Ähnliches können auf diese Weise gut mit in jedes Gepäck.

Ein wie auf Seite 32 beschriebener Kulturbeutel bietet die beste Voraussetzung, um so viele flüssige Produkte wie möglich einzupacken. Er ist geräumiger als die üblichen Zipper-Beutel aus Kunststoff und macht unzählige Reisen mit. Als Erstes werden die festen 100-ml-Behälter darin verstaut – Tuben und Fläschchen. In

FÜR ALLE FÄLLE KOKOSÖL

Kokosöl ist ein wahrer Allrounder in der Körperpflege, ob für die Zähne, das Gesicht oder den Körper. Es entfernt hartnäckiges Make-up, zähmt störrische Augenbrauen, dient als Rasiergel und als Nagelhautcreme, als Mundwasser, das gleichzeitig die Zähne weiß macht, und außerdem hilft es bei einem Kater. Ein mit Kokosöl randvoll gefüllter Behälter verdient einen Logenplatz im Flüssigkeitsbeutel.

die Zwischenräume kommen weiche und kleinere Behälter. Und ganz zum Schluss kommen die kleinsten Behälter hinein wie eben Kontaktlinsendöschen.

Während es für flüssige Körperpflegemittel eine Beschränkung von 100 ml gibt, gilt dies nicht für feste Produkte. Und auch für diese Dinge lohnt es sich, in eine strapazierfähige (und schöne!) Tasche zu investieren. Wer nicht zu viele Produkte verwendet, kommt gut hin mit einer kleineren Kosmetiktasche mit flachem Boden und Reißverschluss. Die geräumigere Alternative ist ein größerer Kulturbeutel, der allerdings auch mehr Platz im Koffer einnimmt. Bevor Sie also losziehen, um einen Kulturbeutel zu kaufen, sollten Sie alle nicht flüssigen Produkte vor sich ausbreiten und genau überlegen. Würden alle in eine kleine Tasche passen oder brauchen Sie mehr Platz oder eine bessere Aufteilung? Wenn Sie die am besten zu Ihnen und Ihren Produkten passende Tasche gefunden haben, sollten Sie sie vorbereitet und gefüllt an Ihrer Packstation aufbewahren. Beim Packen gelten dieselben Regeln wie bei den Flüssigkeiten: feste und sperrige Behälter nach unten, weiche und kleinere nach oben. Nach der Reise ist ein Kontrollgang angesagt, um leere Behälter aufzufüllen oder zu ersetzen.

Globetrotter-Glamour

Die Make-up-Routine anpassen (und trotzdem super aussehen)

Auf Reisen möchte man so gesund, energisch und strahlend wirken wie möglich. Hier ein paar Tipps rund ums Packen von Make-up.

- Sorgen Sie früh genug dafür, alle benötigten Produkte in ausreichender Menge zu haben. Man will ja nicht am Abend vor der Abreise feststellen, dass etwas fehlt, oder schlimmer noch, unterwegs.
- Investieren Sie in Multitalente. Produkte wie getönte Tagescreme, Grundierung mit Lichtschutzfaktor oder eine Lippenstift-Cremerouge-Kombi sparen Platz.
- Geben Sie Stiften den Vorzug vor Tiegeln, bei denen zusätzlich ein Pinsel nötig ist (z. B. Eyeliner).
- Highlighter und eine frische Farbe für die Lippen bringen stumpfe Haut mit wenig Aufwand zum Strahlen. Ein bisschen Wischen hier und Tupfen dort und schon strahlt der Teint.
- Wer Schminkprodukte aus dem Kaufhaus verwendet, könnte nach Pröbchen fragen – sie sind sehr praktisch auf Reisen.
- Welche Art von Reise steht an? Den Glitzer-Lidschatten können Sie getrost zu Hause lassen, wenn Sie geschäftlich verreisen – er wird wahrscheinlich nicht gebraucht.
- Die meisten Hotels haben Haartrockner, fragen Sie sicherheitshalber nach, dann kann der eigene einfach zu Hause bleiben. Packen Sie nur ein Haar-Stylingtool ein
- Falls Sie für Ihr Haar mehrere Pflegeprodukte benötigen, versuchen Sie Platz dafür einzusparen, indem Sie andere, nicht so wichtige Toilettenartikel weglassen.
- Nehmen Sie Haarklammern und -gummis mit, um unterwegs leicht die Haare hochstecken zu können.

Der Trick beim Packen der Kosmetikartikel liegt darin, sich nicht so sehr zu sorgen, dass irgendetwas leer wird.

Man braucht immer weniger, als man denkt! Hilfreich kann es sein, Dinge in nicht flüssiger Form mitzunehmen, denn sie nehmen weniger Platz ein. So gewinnen Sie mit Trockenshampoo beispielsweise einen zusätzlichen Tag ohne Shampoo, und Gesichtsreiniger kann wunderbar durch Reinigungstücher ersetzt werden. Freuen Sie sich darauf, nach der Umsetzung der hier vorgestellten Tipps Ihre Toilettenartikel und Schminksachen praktisch und übersichtlich verpacken zu können.

TIPP: Wie bekommt man es hin, beim Make-up nichts zu vergessen? Man packt die Dinge in der Reihenfolge ein, in der man sie beim Schminken anwendet – entweder morgens am Abreisetag oder, wenn man ungeschminkt auf Reisen geht, man spielt es am Vorabend durch.

WELLNESS IM FLUG

Mit einem frischen Teint am Zielort anzukommen ist leichter, als Sie denken – und wer möchte sich nicht gern beim Aussteigen wohl in seiner Haut fühlen. Der entscheidende Faktor ist die Feuchtigkeitsversorgung. Ein häufiger Fehler ist es, zu viel Puder aufzutragen im Glauben, mit viel Make-up im Gesicht sähe man bei der Landung genauso gut aus wie beim Start. Besser ist es, ungeschminkt zum Flughafen zu gehen und sich während des Fluges eine feuchtigkeitsspendende Gesichtsbehandlung zu gönnen. Und das geht so:

- Geben Sie reichlich Creme auf die Nägel und die Ellbogen.
- Tragen Sie Handcreme auf.
- Tragen Sie eine reichhaltige Augencreme oder Kokosöl rings um die Augen auf.
- Legen Sie vor dem Schlafen eine Tuchmaske auf. Das mag den anderen Passagieren zwar seltsam vorkommen, aber Sie werden bei der Landung diejenige sein mit dem frischen Teint. Bewährt sind Produkte mit Hyaluronsäure oder Kollagen. Beim Abnehmen der Maske säubern Sie das Gesicht mit einem Reinigungstuch und tragen eine pflegende Creme auf.
- Vor der Landung können Sie Ihr Gesicht noch einmal mit einem Erfrischungstuch oder Gesichtsspray erfrischen.
- Unmittelbar vor der Landung tragen Sie Concealer und eine getönte Tagescreme auf, ziehen die Augenbrauen nach und nutzen jenen praktischen Lippen-Rouge-Stift (66). Sie werden als strahlende Ausgabe Ihrer selbst aus dem Flugzeug steigen.

DIE PERFEKTEN PACK-LISTEN

Nun kann es fast losgehen. Diese Muster-Packlisten sind mein kleines Geheimnis. Sie helfen als Leitfaden, am Ende einen wunderbar geordneten Koffer mitnehmen zu können. Meine straffe Methode wird Ihnen anfangs einiges abverlangen (erwarten Sie nicht, dass es beim ersten Versuch leicht von der Hand geht), aber drängen Sie sich dazu, so viel wie möglich umzusetzen. Je besser Sie geübt sind, desto mehr Spaß werden Ihnen Ihre Reisevorbereitungen machen. Wenn Sie diese Listen selbst ausfüllen, dann sind Sie auf dem besten Weg zum Profi-Packer.

Nachdem Sie Ihre Power-Pieces identifiziert und die Accessoires ausgewählt haben, ist es Zeit, sie für sich arbeiten zu lassen. Denken Sie zurück an Seite 44 … zunächst geht es darum, ein Kleidungsstück so oft wie möglich tragen zu können und dann erst um die Zusammenstellung von Outfits. Auf den folgenden Seiten finden Sie beispielhafte Packlisten für gängige Arten von Reisen. Sie werden sehen, dass Sie durch die tageweise Planung das meiste aus jenen Dingen herausholen, die in den Koffer kommen.

Am Ende des Buches und auch auf meiner Website auf *HithaOnTheGo.com* finden Sie Blanko-Listen. Sie können sie ruhig herausreißen, in den Koffer stecken und für die nächste Reise an Ihrer Packstation aufbewahren.

GESCHÄFTSREISE IM HERBST

Zielort: Hamburg

Dauer der Reise: 5 Tage

Wetteraussichten: 11–20 °C, bewölkt bis sonnig

OUTFITS

Tag 1	*Tag 2*	*Tag 3*	*Tag 4*	*Tag 5*
VORMITTAG	VORMITTAG	VORMITTAG	VORMITTAG	VORMITTAG
schwarze Hose	marineblaues Kleid	schwarzer Rock	schwarze Hose	schwarze Hose
weiße Bluse		weiße Bluse	marineblauer Blazer	hellbrauner Pullover
marineblauer Blazer		hellbrauner Pullover		
NACHMITTAG	NACHMITTAG	NACHMITTAG	NACHMITTAG	NACHMITTAG
schwarze Hose	marineblaues Kleid	schwarzer Rock	schwarze Hose	schwarze Hose
weiße Bluse		weiße Bluse	marineblauer Blazer	hellbrauner Pullover
marineblauer Blazer		hellbrauner Pullover		

KLEIDUNGSSTÜCKE

Oberteile	*Unterteile*	*Kleider/Zweiteiler*
1. weiße Bluse	1. schwarze Hose	1. marineblaues Kleid
2. hellbrauner Pullover	2. schwarzer Rock	2.
3. marineblauer Blazer	3.	3.
4.	4.	4.
5.	5.	5.

Unterwäsche	*Pyjamas/Loungewear*	*Workout*
8 Unterhosen	1 Pyjama	2 Workout-Hosen
3 BHs	1 Loungewear-Outfit	3 Workout-Shirts
5 Paar Socken	1 Morgenmantel	3 Sport-BHs
Shapewear: Spanx-Slip		

SCHUHE

schwarze Pumps	marineblaue Ballerinas	Sneakers

TASCHEN

graue Henkeltasche	schwarze Schultertasche

SONSTIGE ACCESSOIRES

[X] Sonnenbrille	[X] Schal	[ ] Hut
[X] Gürtel	[X] Schmuck	

KÖRPERPFLEGEMITTEL

[X] flüssig	[X] nicht flüssig	[X] Kosmetik

ELEKTRONISCHE GERÄTE

[X] Laptop	[ ] Tablet	[X] Telefon
[X] Ladegerät	[ ] Ladegerät	[X] Ladegerät
[ ] Kopfhörer		

Bei einer Geschäftsreise gibt es im Hinblick auf Kleidung mehr zu bedenken, als man meinen könnte. Überlegen Sie, mit wem Sie zusammenkommen, um welchen Bereich es sich handelt und wie das Ziel der Reise aussieht. Wenn Sie das Gefühl haben, eine helle Farbe und High Heels passen, dann ist das in Ordnung.

Natürlich sollten Sie keine wichtigen Dokumente oder elektronischen Geräte und Zubehör vergessen. Es schadet nie, ein paar zusätzliche Visitenkarten einzupacken. Muss man in einer fremden Stadt Auto fahren, ist es praktisch, eine Handyhalterung dabeizuhaben. Und denken Sie daran: Was unbedingt ins Reisegepäck für eine Geschäftsreise gehört, ist eine ordentliche Portion Selbstvertrauen!

HOCHZEITS-WOCHENENDE IM MAI

Zielort: bei Heidelberg

Dauer der Reise: 3 Tage

Wetteraussichten: 20–26 °C

OUTFITS

Tag 1	*Tag 2*	*Tag 3*
Vormittag	Vormittag	Vormittag
weißes T-Shirt	weiße Hemdbluse	graues T-Shirt
enge Jeans		enge Jeans
violetter Cardigan		Cardigan
Nachmittag	Nachmittag	Nachmittag
Cocktailkleid	buntes Seidenkleid	graues T-Shirt
	Kaschmir-Stola	enge Jeans
		Cardigan

KLEIDUNGSSTÜCKE

Oberteile	*Unterteile*	*Kleider/Zweiteiler*
1. weißes T-Shirt	1. enge Jeans	1. Cocktailkleid
2. weiße Hemdbluse	2.	2. buntes Seidenkleid
3. graues T-Shirt	3.	3.
4. violetter Cardigan	4.	4.
5. Kaschmir-Stola	5.	5.

Unterwäsche	*Pyjamas/Loungewear*	*Workout*
5 Unterhosen	1 Pyjama	1 Workout-Hose
3 BHs	1 Loungewear-Outfit	1 Workout-Shirts
5 Paar Socken	1 Morgenmantel	1 Sport-BH
Shapewear: Spanx-Slip		

SCHUHE

goldene Riemchensandalen	Converse Sneakers	Sneakers

TASCHEN

hellbraune Leder-Henkeltasche	goldene Clutch

SONSTIGE ACCESSOIRES

[X] Sonnenbrille	[X] Schal	[ ] Hut
[X] Gürtel	[X] Schmuck	

KÖRPERPFLEGEMITTEL

[X] flüssig	[X] nicht flüssig	[X] Kosmetik

ELEKTRONISCHE GERÄTE

[ ] Laptop	[ ] Tablet	[X] Handy
[ ] Ladegerät	[ ] Ladegerät	[X] Ladegerät
[X] Kopfhörer		

Bei Hochzeits-Wochenenden geht es vor allem um Ihren Look während der formellen Momente. Was Sie zwischendurch tragen, ist nicht so wichtig und kann ruhig casual sein. Wenn die Highlight-Stücke für die Feierlichkeiten feststehen, wird die entsprechende Shapewear ausgewählt. Probieren Sie vor dem Packen alles an! Muss das Kleid noch zum Schneider? Falls Sie sich selbst um Haare und Make-up kümmern, brauchen Sie möglicherweise ein paar Schminkprodukte und Haarzubehör mehr. Den Schmuck nicht vergessen! Bedenken Sie, dass jede Hochzeit anders ist. Erkundigen Sie sich daher vorab, ob Kleidung in einer bestimmten Farbe erwünscht (oder unerwünscht) ist, Kopf oder Schultern bedeckt sein sollen. Und das Hochzeitsgeschenk nicht vergessen!

STÄDTETRIP IM FRÜHLING

Zielort: Barcelona

Dauer der Reise: 5 Tage

Wetteraussichten: 16–26 °C

OUTFITS

Tag 1	*Tag 2*	*Tag 3*	*Tag 4*	*Tag 5*
VORMITTAG	VORMITTAG	VORMITTAG	VORMITTAG	VORMITTAG
schwarze Jeans	enge Jeans	schwarze Jeans	schwarzes Baumwollkleid	Bluejeans
graues T-Shirt	karierte Hemdbluse	Chambray-Top	Chambray-Top	karierte Hemdbluse
schwarzer Blazer				schwarzer Blazer
NACHMITTAG	NACHMITTAG	NACHMITTAG	NACHMITTAG	NACHMITTAG
schwarze Jeans	schwarzes Baumwollkleid	schwarze Jeans	schwarzes Baumwollkleid	
White silk tank		weißes Seiden-Tanktop		
weißes Seiden-Tanktop		schwarzer Blazer		

KLEIDUNGSSTÜCKE

Oberteile	*Unterteile*	*Kleider/Zweiteiler*
1. graues T-Shirt	1. schwarze Jeans	1. schwarzes Baumwollkleid
2. karierte Hemdbluse	2. enge Jeans	2.
3. weißes Seiden-Tanktop	3.	3.
4. Chambray-Top	4.	4.
5. schwarzer Blazer	5.	5.

Unterwäsche	*Pyjamas/Loungewear*	*Workout*
8 Unterhosen	1 Pyjama	2 Workout-Hosen
3 BHs	1 Loungewear-Outfit	2 Workout-Shirts
8 Paar Socken	1 Morgenmantel	2 Sport-BHs
Shapewear: Spanx-Slip		

SCHUHE

schwarze Sneakers	hellbraune Halbschuhe	Absatzschuhe mit Blumenmuster

TASCHEN

hellbraune Henkeltasche	rote Leder-Schultertasche

SONSTIGE ACCESSOIRES

[X] Sonnenbrille	[ ] Schal	[X] Hut
[X] Gürtel	[X] Schmuck	

KÖRPERPFLEGEMITTEL

[X] flüssig	[X] nicht flüssig	[X] Kosmetik

ELEKTRONISCHE GERÄTE

[X] Laptop	[X] Tablet	[X] Handy
[X] Ladegerät	[X] Ladegerät	[X] Ladegerät
[X] Kopfhörer		

In fremde Städte reise ich am allerliebsten – was ist schöner, als bei stundenlangem ziellosem Umherstreifen eine fremde Stadt zu entdecken, mit ihren Cafés und Restaurants, den Schaufenstern kleiner Läden und dabei dem Flair nachzuspüren. Wichtig sind dabei bequeme Schuhe, in denen man gut laufen kann, ohne Blasen zu bekommen. Bei der Kleidung sollte man das Zwiebelprinzip beherzigen. Wenn man den ganzen Tag bei warmem Wetter umherläuft und es dann abends kühl wird, ist man froh, noch ein paar Schichten in petto zu haben.

STRANDURLAUB UNTER PALMEN

Zielort: Barbados

Dauer der Reise: 5 Tage

Wetteraussichten: 21–30 °C

Tag 1	*Tag 2*	*Tag 3*	*Tag 4*	*Tag 5*
VORMITTAG	VORMITTAG	VORMITTAG	VORMITTAG	VORMITTAG
Leinenhose	schwarzer Bikini	weißer Badeanzug	schwarzer Bikini	Leinenhose
weißes Tanktop	gestreifter Kaftan	gemustertes Cover-up	geblümtes Kleid	weißes T-Shirt
Cover-up		Denim-Shorts		Cover-up
NACHMITTAG	NACHMITTAG	NACHMITTAG	NACHMITTAG	NACHMITTAG
Maxikleid	Leinenhose	geblümtes Kleid	Maxikleid	
	schwarzes Seiden-Tanktop			

KLEIDUNGSSTÜCKE

Oberteile	*Unterteile*	*Kleider/Zweiteiler*
1. weißes Tanktop	1. Leinenhose	1. Maxikleid
2. schwarzes Seiden-Tanktop	2. Denim-Shorts	2. geblümtes Kleid
3. gemustertes Cover-up	3.	3. schwarzer Bikini
4. gestreifter Kaftan	4.	4. weißer Badeanzug
5. weißes T-Shirt	5.	5.

Unterwäsche	*Pyjamas/Loungewear*	*Workout*
8 Unterhosen	1 Pyjama	1 Workout-Hosen
3 BHs	1 Loungewear-Outfit	2 Workout-Shirts
8 Paar Socken	1 Morgenmantel	2 Sport-BHs
Shapewear: Spanx-Slip		

SCHUHE

hellbraune Sandalen	goldene Absatzsandalen	Sneakers

TASCHEN

hellbraune Henkeltasche	rote Leder-Beuteltasche

SONSTIGE ACCESSOIRES

- [x] Sonnenbrille
- [ ] Schal
- [x] Hut
- [ ] Gürtel
- [x] Schmuck

KÖRPERPFLEGEMITTEL

- [x] flüssig
- [x] nicht flüssig
- [x] Kosmetik

ELEKTRONISCHE GERÄTE

- [ ] Laptop
- [x] Tablet
- [x] Handy
- [ ] Ladegerät
- [x] Ladegerät
- [x] Ladegerät
- [x] Kopfhörer

Bei leisem Meeresrauschen am Strand lässt es sich ganz besonders gut entspannen. Wichtig sind hier ein großer Sonnenhut und ein hoher Lichtschutzfaktor, denn ein Sonnenbrand kann eine lang ersehnte Reise schnell verderben. Ausreichend Badekleidung und schicke Cover-ups sind natürlich genauso wichtig wie eine gute Sonnenbrille, um die Augen vor grellem Licht zu schützen. Naturgemäß ist hier leichte Kleidung angesagt, leicht zu packen, sollte somit ein Kinderspiel sein.

Fünf Tage für einen exotischen Urlaub sind natürlich eher ein Rechenbeispiel, aber man kann bei längeren Urlauben einfach darauf aufbauen.

KOMBINIERTER BUSINESS- UND STÄDTETRIP

Zielort: London

Dauer der Reise: 5 Tage

Wetteraussichten: 9–16 °C

OUTFITS

Tag 1	*Tag 2*	*Tag 3*	*Tag 4*	*Tag 5*
VORMITTAG	VORMITTAG	VORMITTAG	VORMITTAG	VORMITTAG
schwarze Hose	marineblaues Kleid	schwarzes Kleid	Bluejeans	Bluejeans
weiße Bluse		grauer Blazer	hellbrauner Pullover	graues T-Shirt
grauer Blazer			grauer Blazer	
NACHMITTAG	NACHMITTAG	NACHMITTAG	NACHMITTAG	NACHMITTAG
schwarze Hose	marineblaues Kleid	schwarzes Kleid	Bluejeans	
weiße Bluse		Kaschmir-Stola	weiße Bluse	
grauer Blazer				

KLEIDUNGSSTÜCKE

Oberteile	*Unterteile*	*Kleider/Zweiteiler*
1. weiße Bluse	1. schwarze Hose	1. marineblaues Kleid
2. hellbrauner Pullover	2. Bluejeans	2. schwarzes Kleid
3. grauer Blazer	3.	3.
4. graues T-Shirt	4.	4.
5. Kaschmir-Stola	5.	5.

Unterwäsche	*Pyjamas/Loungewear*	*Workout*
8 Unterhosen	1 Pyjama	1 Workout-Hosen
3 BHs	1 Loungewear-Outfit	2 Workout-Shirts
5 Paar Socken	1 Morgenmantel	2 Sport-BHs

Shapewear: Spanx-Slip

SCHUHE

schwarze Pumps	marineblaue Ballerinas	Sneakers

TASCHEN

graue Henkeltasche	schwarze Schultertasche

SONSTIGE ACCESSOIRES

[X] Sonnenbrille	[X] Schal	[ ] Hut
[X] Gürtel	[X] Schmuck	

KÖRPERPFLEGEMITTEL

[X] flüssig	[X] nicht flüssig	[X] Kosmetik

ELEKTRONISCHE GERÄTE

[X] Laptop	[ ] Tablet	[X] Handy
[X] Ladegerät	[ ] Ladegerät	[X] Ladegerät
[X] Kopfhörer		

Kombinieren Sie einfach zwei Listen – Hochzeit mit anschließendem Strandurlaub, Geschäftsreise mit City-Trip und so weiter. Ich rate allerdings dazu, den Kofferinhalt nach den jeweiligen Themen zu unterteilen, also die Businesskleidung in einen Beutel und die Strandsachen in einen anderen zu packen. Auf diese Weise findet man sich auf der gesamten Reise im Koffer gut zurecht. Lassen Sie sich nicht dazu hinreißen, die Kombination zweier Reisearten als Entschuldigung dafür zu nehmen, zu viel einzupacken – oder etwa mit unpassender Kleidung bei Geschäftsterminen aufzutauchen. Denken Sie daran: Je weniger Ballast Sie mitbringen, desto mehr Freude werden Sie haben! Hier kommt es darauf an, Jacken und Freizeitkleidung wirklich so eng wie möglich zu falten bzw. zu rollen.

LÄNGERE REISE

Zielort: New York City/Philadelphia/Washington D.C.

Dauer der Reise: 10 Tage

Wetteraussichten: 11–21 °C

OUTFITS

Tag 1	*Tag 2*	*Tag 3*	*Tag 4*	*Tag 5*
Vormittag	Vormittag	Vormittag	Vormittag	Vormittag
schwarze Leggings	Bluejeans	schwarze Jeans	Bluejeans	schwarze Jeans
hellbrauner Pullover	weißes T-Shirt	Chambray-Top	hellbrauner Pullover	graues T-Shirt
	schwarzer Trenchcoat			
Nachmittag	Nachmittag	Nachmittag	Nachmittag	Nachmittag
Denim-Kleid	Bluejeans	Chambray-Top		schwarze Jeans
	geblümte Bluse	grauer Jersey-Rock		geblümte Bluse

Tag 6	*Tag 7*	*Tag 8*	*Tag 9*	*Tag 10*
Vormittag	Vormittag	Vormittag	Vormittag	Vormittag
schwarze Leggings	Denim-Kleid	schwarze Jeans	schwarzes T-Shirtkleid	Bluejeans
schwarzes T-Shirt		geblümte Bluse	schwarzer Trenchcoat	hellbrauner Pullover
schwarzer Trenchcoat				
Nachmittag	Nachmittag	Nachmittag	Nachmittag	Nachmittag
	Denim-Kleid	schwarze Jeans	schwarzes T-Shirtkleid	
		geblümte Bluse	hellbrauner Schal	

SCHUHE

Converse Sneakers	schwarze Pumps	schwarze Stiefeletten

TASCHEN

schwarze Leder-Henkeltasche	kobaltblaue Messenger-Bag

KLEIDUNGSSTÜCKE

Oberteile	*Unterteile*	*Kleider/Zweiteiler*
1. weißes T-Shirt	1. schwarze Leggings	1. Denim-Kleid
2. graues T-Shirt	2. enge Bluejeans	2. schwarzes T-Shirtkleid
3. schwarzes T-Shirt	3. schwarze Jeans	3.
4. Chambray-Top	4. grauer Jersey-Rock	4.
5. geblümte Bluse	5.	5.
6. hellbrauner Pullover	6.	6.
7. schwarzer Trenchcoat	7.	7.

Unterwäsche	*Pyjamas/Loungewear*	*Workout*
15 Unterhosen	3 Pyjamas	5 Workout-Hosen
5 BHs	2 Loungewear-Outfit	3 Workout-Shirts
12 Paar Socken	1 Morgenmantel	3 Sport-BHs
Shapewear: N/A		

Bei zehn Tagen und mehr kann sicherlich nicht mehr von einer Kurzreise gesprochen werden. Der Koffer wird ein wenig voller sein, und es wird besser sein, Gepäck aufzugeben. Es ist dennoch möglich, alles im Handgepäck zu verstauen – beschränken Sie sich und achten Sie darauf, dass alles sauber bleibt und mehrfach getragen wird. Falls Sie eine Ferienwohnung mieten, stehen möglicherweise sogar eine Waschmaschine und/oder ein Trockner zur Verfügung.

Auch für eine längere Reise können Sie sich bei den einzelnen Listen Anregungen holen. Bei Accessoires, Körperpflegemitteln und elektronischen Geräten gelten dieselben Leitlinien wie bei jeder anderen Packliste.

Zeit einzupacken

OPTIMAL PACKEN FÜR MAXIMALEN PLATZ

Es ist ein gutes Gefühl, vor der Abreise einen perfekt gepackten Koffer zu schließen und erst recht, ihn nach der Ankunft im Hotel wieder zu öffnen. Dieses Kapitel beleuchtet die Vorteile von Rollen und Falten und wie es gelingt, so platzsparend wie möglich mit minimalem Aufwand zu packen. Wie bei so vielen Dingen ist aller Anfang schwer, aber wenn man die Vorteile einer kompakten Packweise und die unkomplizierte Umsetzung unterwegs erst einmal erlebt, dann geht einem dieser Ansatz nach einigen Reisen in Fleisch und Blut über.

Falten versus Rollen

Es gibt zwei Lager beim Thema Packen von Kleidung: Die einen schwören auf das Falten, die anderen auf das Rollen. Beide Seiten haben gute Argumente für ihre bevorzugte Methode. Für das Falten spricht, dass es schneller geht und viele Dinge schon gefaltet im Schrank liegen. Rollen dagegen nimmt insgesamt weniger Platz ein und verringert die Knittergefahr. Wie soll man nun entscheiden, welcher Seite man sich anschließen sollte?

In den optimal gepackten Koffern findet sich eine Kombination aus Falten und Rollen – manchmal sogar bei ein und demselben selben Kleidungsstück.

Falten

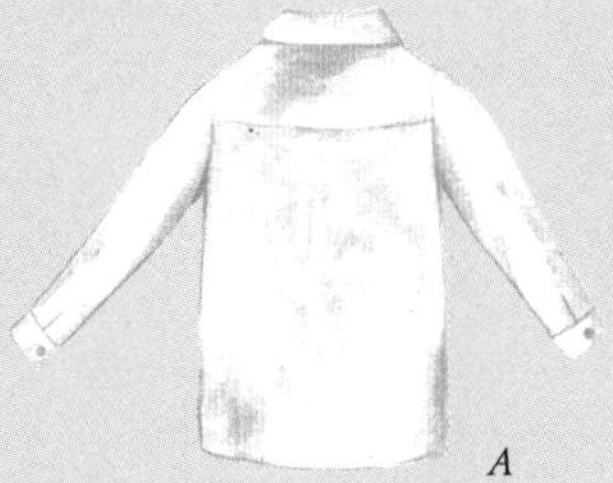

A

B

C

D

1. Das Kleidungsstück mit der Vorderseite nach unten auf einer flachen Unterlage ausbreiten. *(Abb. A)*

2. Einen Ärmel sowie ein Viertel des Hemdes nach innen falten. *(Abb. B)*

3. Auf der gegenüberliegenden Seite wiederholen. *(Abb. C)*

4. Die untere Hälfte des Hemdes nach oben falten und alles umdrehen, sodass die Vorderseite oben liegt. *(Abb. D)*

BESONDERS GEEIGNET FÜR: Kleidungsstücke aus empfindlichem Material (Seide, Kaschmir und verzierte Dinge). Die Verwendung von Seidenpapier beim Falten verringert Knittern und schützt. Damit Kragen nicht knittern, sollten sie oben im Koffer liegen, sodass der Kragen nach oben zeigt. Kleine im Kragen untergebrachte Dinge wie Unterwäsche, Socken oder Schals schützen die Form.

Rollen

A

B

C

D

1. Das Kleidungsstück auf einer flachen Unterlage glatt ausbreiten, mit der Vorderseite nach oben. *(Abb. A)*

2. Über die Mitte zusammenlegen (entlang der Naht, wenn vorhanden) *(Abb. B)*

3. Von der schmalen Seite aus aufrollen. *(Abb. C)*

4. Mit der Rollöffnung nach unten in den Koffer legen. *(Abb. D)*

BESONDERS GEEIGNET FÜR: Alle Unterteile (Hosen, Shorts, Röcke), Kleider, Jacken und kragenlose Tops. Haarbänder können verhindern, dass die Rolle aufgeht.

Falten und Rollen kombiniert

A

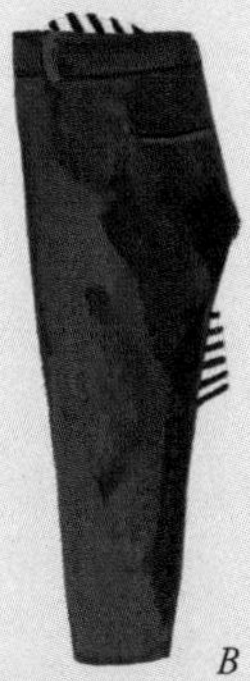

B

C

D

1. Kleidungsstücke so übereinanderlegen, dass das längere Teil unten liegt. *(Abb. A)*
2. Alle Teile zusammen über die Mitte zusammenlegen. *(Abb. B)*
3. Von der schmalen Seite aus dicht aufrollen. *(Abb. C)*
4. Die Rolle mit einem Haarband sichern. *(Abb. D)*

Jacken und Blazer packen

A

B

C

D

1. Die Jacke auf eine flache Unterlage legen, mit der Vorderseite nach oben. *(Abb. A)*

2. Die Jacke auf einer Seite am Armloch öffnen.

3. Den gegenüberliegenden Ärmel durch den Ärmel der offenen Seite ziehen. *(Abb. B)*

4. Die geöffnete Seite wieder schließen und die beiden Ärmel quer über die Jacke legen. *(Abb. C)*

5. Die Jacke von unten her aufrollen bis hoch zum Kragen. *(Abb. D)*

BESONDERS GEEIGNET FÜR: Blazer, Trenchcoats und leichte Jacken.

Was kommt zuerst?

Die Kunst der richtigen Reihenfolge beim Packen

Wenn alle Dinge gefaltet, gerollt und entsprechend vorbereitet sind, werden sie sortiert, und zwar von den schwersten und größten zu den leichtesten und kleinsten. Nun wird geschichtet – legen Sie die größten und schwersten Teile (Schuhe und Kleidungsstücke) in einer Schicht unten in den Koffer. Die nächste Schicht besteht aus leichteren Sachen (Loungewear, Pyjamas und leichtere Oberteile). Dinge, die man gleich bei der Ankunft rasch griffbereit haben möchte (z. B. das geplante Outfit), sollten ganz obenauf liegen. Kleine Dinge wie Unterwäsche und Socken, die nicht sofort benötigt werden, können in verbliebenen Lücken im Koffer untergebracht werden. Dazu zählen, wenn vorhanden, auch die Vorder- und Seitentaschen des Koffers.

Kleidung

Accessoires, Körperpflegemittel und Make-up

Die Reise rückt näher

Die Bordtasche

Der Vorbereitung der Bordtasche kommt eine vielleicht noch größere Bedeutung zu als den Schichten im Koffer, denn hier muss alles griffbereit sein. Ich packe meine Bordtasche am Abend vor der Reise beziehungsweise morgens bei einem späteren Flug (siehe auch Pack-Zeitplan ab Seite 14). In meine Bordtasche kommen unter anderem iPad oder Kindle, Laptop, Kopfhörer, Snacks und der Beutel mit den Flüssigkeiten. Für einen langen Flug (fünf Stunden oder mehr) packe ich auch Nackenkissen und Schlafbrille ein.

Falls Ihre Tasche kein Fach für Laptop oder Tablet hat, lohnt sich eine spezielle Hülle, die einen festen Platz in Ihrer Packstation bekommt. Ihr Laptop sollte in der Bordtasche gut griffbereit sein, um ihn beim Sicherheitscheck rasch herausnehmen zu können.

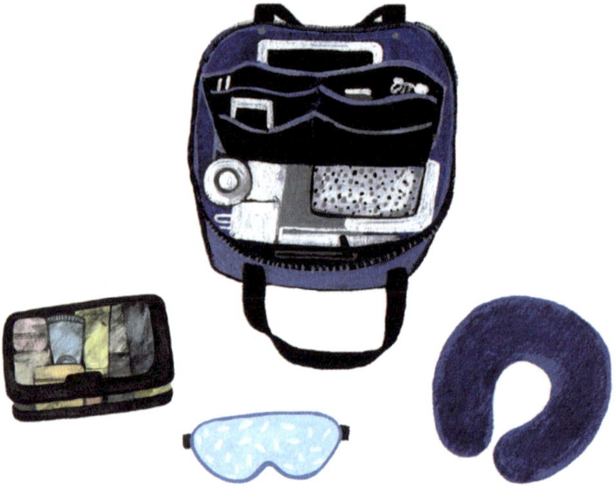

Das zweite Set Ladekabel (siehe Seite 32) liegt schon bereit und kann platzsparend zusammengewickelt und mit einem Kabelbinder oder Haarband befestigt werden. Es ist gut, die Kabel unterwegs dabeizuhaben, falls sie benötigt werden.

Sie wissen natürlich, dass Sie bei der Sicherheitskontrolle nach Ihrer Bordkarte sowie einem Personalausweis oder Pass gefragt werden. Sorgen Sie dafür, alle wichtigen Dokumente griffbereit zu haben, ob es nun der Reisepass und die Online-Bordkarte sind oder eine ganze Mappe mit den Reiseunterlagen. Ein guter Aufbewahrungsort ist eine Außentasche – nicht so gut ist es, sie in der Hand zu halten, so hat man sie schnell irgendwo hingelegt und vergessen.

Da der Beutel mit den Flüssigkeiten herausgeholt werden muss, sollte auch dieser griffbereit ganz oben in der Tasche liegen.

Es ist vollbracht, alles ist gut gefaltet, gerollt, sortiert und sicher untergebracht. Zeit für den Aufbruch!

RUCKSACKREISEN

Um Ordnung im Rucksack zu halten, ist es ratsam, Packwürfel und Säckchen zu verwenden. Wenn man seine Kleidung zwischendurch wäscht, spart man Platz, auch wenn man viele Wochen unterwegs ist, und kann mit den Packlisten für einzelne Abschnitte der Reise arbeiten. Seien Sie hier besonders kritisch bei der Auswahl und Zusammenstellung der Kleidungsstücke, denn alles muss am Ende getragen werden.

Wer wird denn gleich in die Luft gehen?

ZIELSTREBIG DEN FLUGHAFEN HINTER SICH LASSEN

Inzwischen haben Sie sich mit einem guten Zeitpuffer zum Flughafen begeben. Sie sind ruhig, gelassen und konzentriert. Sie sehen gut aus, ganz die bestens vorbereitete Reisende. Falls Sie die Sicherheitsvorkehrungen am Flughafen und das Herumsitzen am Gate für eine nervige Angelegenheit halten, denken einfach daran, dass die Anreise Teil des Urlaubs ist. Sie sind gut vorbereitet und jetzt sorgen wir noch dafür, dass der Rest der Reise auch gelingt. In diesem Kapitel geht es um sonstige Dinge, die sich auf Ihre Reise auswirken können, von Ihren Mitreisenden bis hin zu gesundheitlichen Problemen. Es schließt dann mit einer Betrachtung der hohen Kunst des Auspackens und des Umpackens unterwegs. Also los!

Mit wem man sich umgibt ...
Reisen mit anderen

Mit wem man unterwegs ist, wirkt sich nicht nur darauf aus, wie man packt, sondern auch, wie man reist. Die folgenden Tipps helfen dabei, unabhängig von den Mitreisenden gut zu packen und gut zu reisen.

UNTERWEGS MIT **KOLLEGEN**

Bei geschäftlichen Reisen (insbesondere in Gesellschaft von Kollegen) möchte man seine professionelle Seite zeigen. Überlegen Sie, was Sie dazu zählen würden: Begriffe wie gut organisiert, unabhängig und Eigeninitiative zählen vermutlich dazu. Nur mit Handgepäck zu reisen ist immer die bessere Wahl bei Reisen im Kollegenkreis – egal ob in der Bahn, im Auto oder im Flieger. Schließlich möchte man vermeiden, als Letzte am Band zu stehen und auf das Gepäck zu warten oder den Kofferraum komplett zu belegen. Achten Sie darauf, den Koffer problemlos in das Gepäckfach heben zu können, und auch die Handtasche sollte nicht zu schwer sein. Probieren Sie es zu Hause aus, wenn Sie sich unsicher sind.

Ratsam sind flache Schuhe und ein Reiseoutfit mit eher konservativem Ausschnitt und Saumlänge, sodass beim Bücken oder Hochstrecken nicht mehr zum Vorschein kommt, als man möchte.

Wenn Sie ein Auto mieten, halten Sie am besten die Adressen auf dem Handy bereit und halten Ladekabel sowie Handyhalterung schon vor der Anmietung in der Tasche bereit.

UNTERWEGS MIT **FREUNDEN**

Erkundigen Sie sich bei Ihren Freunden, ob sie beim Fliegen Gepäck aufgeben, um sich abzustimmen. Man möchte ja vermeiden, dass die anderen dann an der Gepäckausgabe auf Sie warten müssen. Manche Dinge lassen sich gut gemeinsam nutzen, beispielsweise Shampoo, Föhn und so weiter – manchmal sogar Kleidung. Die Reise sollte mit allen durchgesprochen werden, um entsprechend packen zu können, damit niemand am Ende bei einem extravaganten Dinner underdressed erscheint oder als Einzige ohne Badeanzug dasteht.

UNTERWEGS MIT DER **BESSEREN HÄLFTE**

Manche Dinge werden am besten schon im Vorfeld gut geklärt – Ankunftszeit am Bahnhof oder Flughafen, Gepäckaufgabe ja oder nein, die bevorzugten Sitzplätze ... aber auch wer ein Ordnungsfanatiker ist und wer eher unordentlich ist. Oft sind Kompromisse und eine entsprechende Planung gefragt. Nach ein paar Mal wird alles wie von selbst laufen. Es hat sich bewährt, bei der Abreise den Koffer schon am Vorabend wieder zu packen. Packen in letzter Minute kann stressig sein und zieht häufig Streitereien nach sich. Schonen Sie sich und Ihre Nerven.

UNTERWEGS MIT DER **FAMILIE**

Wie wäre es mit einem Projektleiter, der den Überblick darüber behält, wer was mitbringt (Essen, Spiele, Strandzubehör usw.), und der vor der Reise darauf achtet, dass eine Liste erstellt wird, was nach der Ankunft am Zielort gekauft werden muss. Nehmen Sie Ohrenstöpsel mit, falls Sie mal länger schlafen möchten ...

Im Sauseschritt

Wie ein Profi durch die Sicherheitskontrolle

Ein reibungsloser Ablauf der Flughafenkontrollen ist die beste Einstimmung auf eine gute Reise. Mit diesen Tipps gelingt der Start.

VORAUSSCHAUEND HANDELN

Nehmen Sie Schmuck und Gürtel schon im Auto auf dem Weg zum Flughafen ab. Alles, was bei der Sicherheitskontrolle vorgezeigt werden muss (Laptop, Flüssigkeiten), sollte griffbereit oben in der Tasche liegen.

SLIPPER TRAGEN

Raus aus den Schuhen, rein in die Schuhe und fertig.

EINSAMMELN SOFORT, VERSTAUEN SPÄTER

Schnappen Sie sich nach der Sicherheitskontrolle Ihre Sachen und suchen Sie sich eine freie Bank. Dann, und wirklich erst dann, wird wieder alles an seinem Platz verstaut. Es gibt nichts Schlimmeres, als wenn jemand den ganzen Betrieb aufhält, weil er noch am Band seine Siebensachen zusammenpackt. Etwas abseits können Sie sich dann ganz in Ruhe darum kümmern. Gutes Karma statt Stress!

DAS RICHTIGE TIMING

Engpässe bei der Sicherheitskontrolle lassen sich umgehen, wenn man die Hauptverkehrszeiten meidet.

FERNREISEN

Es ist schon paradox, dass ein großer Teil des Reisens darin besteht, Schlange zu stehen. Bei Fernreisen sind nicht nur unterschiedliche Pass-, Visa- und andere Bestimmungen im Vorhinein zu prüfen und gültige Dokumente rechtzeitig zu beantragen, auch bei Sicherheitskontrollen kann es Unterschiede geben, und man kann sich die Wartezeit eventuell verkürzen. So sieht man in den USA manchmal Passagiere einfach so durch die Sicherheitskontrolle rauschen – in voller Montur und ohne Laptop und Flüssigkeiten herauszunehmen. Diese Leute sind beim sogenannten TSA PreCheck registriert, einem Programm mit separatem Sicherheitscheck. Analog dazu beschleunigen das Global-Entry-Abkommen sowie die elektronische Einreiseerlaubnis ESTA die Pass- und Zollkontrollen bei der Einreise in die USA. Mehr Informationen zu den Einreisebestimmungen in den unterschiedlichen Ländern und auch zur Sicherheitslage findet man unter »Länderinformationen« auf der Website des Auswärtigen Amts: *www.auswaertiges-amt.de*

Bereit zum Boarden

Unterhaltung unterwegs

Auf manchen Flügen bieten Airlines zwar Bordunterhaltung an, allerdings nicht immer und schon gar nicht auf kürzeren Flügen. Da es vorkommt, dass einem das Programm nicht so liegt oder es auch wegen einer Störung ausfällt, sollten Sie schon zu Hause vorsorgen und sich einige Episoden Ihrer Lieblingssendung oder gute Musik auf Ihr Handy oder Tablet ziehen. Natürlich sollten alle Geräte (sowie eine Powerbank) voll aufgeladen sein.

Darüber hinaus ist es auch immer eine gute Sache, ein Buch oder ein Rätselheft dabeizuhaben. Und natürlich sollte man sichergehen, dass die Kopfhörer in greifbarer Nähe sind! Zwischen Small Talk und weinenden Kindern tut es gut, sich dem ständigen Geräuschpegel entziehen zu können.

Wohlfühlen

Gesund und munter unterwegs

Nicht selten müssen Reisen als Ausrede herhalten, sich ungesund zu ernähren. Dabei sollte man bedenken, dass kaum Kalorien verbrannt werden, wenn man endlose Stunden auf seinem Allerwertesten sitzt. Nachdem ich jahrelang als Mahlzeit Standardangebote in Raststätten, Zugrestaurants oder bei Flügen genommen habe, bestelle ich heute immer ein vegetarisches Menü. Das Essen ist in der Regel sehr akzeptabel (und enthält viel Gemüse).

Denken Sie auch an Lunch-Pakete oder Snacks für unterwegs – das ist günstiger, als am Bahnhof oder in der Raststätte noch schnell etwas zu kaufen, und auf Kurzstreckenflügen wird ohnehin kaum noch etwas angeboten. Ich liebe z. B. aufgeschnittenes Obst und Gemüse. Verzichten sollte man aus Rücksicht auf die Nachbarn auf Bananen und Thunfisch – sie riechen unangenehm. Auch Nüsse können bedenklich sein, falls jemand in der Sitzreihe hochallergisch ist.

Für das leibliche Wohl ist nun gesorgt, kümmern wir uns also jetzt darum, auf der Reise gesund zu bleiben, denn beim Kontakt mit vielen Menschen steckt man sich schnell an. Da kann eine Vitaminbrausetablette im Wasser die Abwehrkräfte aufpeppen.

Achten Sie darauf, sich nach dem Benutzen der Toiletten, die Hände gut zu waschen oder mit Handdesinfektionsmittel für die Reise zu reinigen. Das Wasser in den Waschräumen ist nicht unbedingt zum Zähneputzen geeignet, eventuell werden die Wasserbehälter nicht regelmäßig gereinigt und enthalten Bakterien. Besser ist es, eine Flasche Wasser mitzubringen oder eine Zahnreinigung, die ohne Wasser benutzt werden kann.

Achten Sie beim Reisen darauf, viel Wasser zu trinken, denn der Körper dehydriert in klimatisierten Räumen, aber auch in Autos schnell. Ich rate immer gern zu einer Tasse Kräutertee.

Nutzen Sie Kissen als Stütze für den unteren Rücken, ein Nackenstützkissen für den Kopf und aufgegossene Kamillenteebeutel (in ein Papiertaschentuch gewickelt) als wohltuende Kompresse für die Augen, die dann mit einer Schlafbrille abgedeckt werden – gerade bei längeren Reisen oder im Flugzeug. Die unter den Augen besonders zarte Haut wird Ihnen diese Schritte danken und anschließend viel frischer aussehen. Für Geschäftsreisende gehören diese Momente zu den wenigen, in denen sie ganz für sich sein und entspannen können.

OH NEIN! MEIN KOFFER FEHLT!

Erstens, seien Sie versichert, nur weniger als 1 % des Reisegepäcks bei Flügen geht wirklich verloren – die Wahrscheinlichkeit ist also sehr gering. Für den Fall aller Fälle können Sie ein Bild von Ihrem Koffer machen, das bei einer eventuellen Suche hilfreiche Info liefert. Aber keine Panik! Sie haben alles, was Sie für die nächsten 24 Stunden brauchen, in Ihrer Bordtasche.

Bleiben Sie ruhig und wehren Sie sich gegen das aufkeimende Gefühl, gleich etwas kaufen zu müssen. Die Chancen stehen eigentlich gut, dass der Koffer wieder auftaucht. Sollte Ihr Gepäck nicht vom Band rollen, kann es in den meisten Fällen innerhalb von 48 Stunden nachgeschickt werden. Ist der Verlust jedoch auf widrige Wetterverhältnisse zurückzuführen, kann es auch mal bis zu einer Woche dauern.

Natürlich ist es auch nicht auszuschließen, dass jemand aus Versehen Ihren Koffer genommen hat. Ein im Gepäck untergebrachter GPS-Tracker hilft in diesem Fall, die Person zu finden. Bei allem, was Sie mit ins Flugzeug nehmen, liegt dagegen die Kontrolle ganz bei Ihnen. Ihr gesamter Sitzbereich sollte daher vor dem Aussteigen einer gründlichen Inspektion unterzogen werden. Besonders gern werden elektronische Geräte in den Sitztaschen vergessen.

Am Ziel

WENN SIE MORGENS ANKOMMEN

Versuchen Sie, so lange wie möglich wach zu bleiben. Halten Sie sich im Freien auf, Sonne und Tageslicht übermitteln dem Körper, dass es Tag ist. Ziehen Sie sich um und bringen Sie sich auf Trab. Es muss nicht gleich der Fitnessraum des Hotels sein, aber seien Sie aktiv. Das heißt nicht, dass Sie sich für die Ankunft schon etwas Großes vornehmen sollen, aber Sie könnten sich mit der Umgebung vertraut machen. Sollten Sie am ersten Tag doch irgendwann Schlaf brauchen, dann am besten ein kurzes Nickerchen nach dem Mittagessen. Es empfiehlt sich, nach der Ankunft nichts Schweres zu essen, der Körper ist noch nicht auf Aktivität eingestellt. Am besten wäre es, dem Körper mit Gemüse oder Saft ein paar Nährstoffe zu gönnen.

WENN SIE ABENDS ANKOMMEN

Lassen Sie es ruhig angehen. Versuchen Sie, zur gewohnten Zeit schlafen zu gehen, selbst wenn es am Abflugort noch Tag ist. Eine warme Dusche wirkt entspannend. Abends noch auszupacken könnte zu viel Action sein, der Pyjama liegt daher am besten greifbar obenauf. Am Morgen geht es dann weiter. Vermeiden Sie helles Licht und Bildschirme, besser ist es, ein Buch zu lesen.

DER UMGANG MIT JETLAG

Jetlag kommt vor. Das ist unangenehm, aber man kann einiges dagegen tun. Wählen Sie, wenn möglich, einen Flug während der Zeit, die am Zielort in die normale Schlafenszeit fällt. Bedacht werden muss allerdings, dass die Flugzeit nicht der Schlafdauer entsprechen kann. Mindestens 90 Minuten für Start und Landung müssen von der Schlafzeit abgezogen. Auch die Lichteinstrahlung kann man schon so anpassen, dass sie der am Zielort entspricht, um die innere Uhr darauf einzustellen: Lampen dimmen, Schlafbrille oder Sonnenbrille aufsetzen. Falls Sie wach werden und einen Bildschirm nutzen müssen, kann es helfen, ihn so weit wie möglich abzudunkeln.

Tipps fürs Auspacken

SCHRITT 1: Schreiben Sie eine Checkliste der Dinge, die Sie aus der Tasche nehmen und im Zimmer verwenden. Die zuvor erstellte Packliste kann dabei als Referenz dienen. Es kann auch sinnvoll sein, sich aufzuschreiben, wo man die verschiedenen Dinge untergebracht hat. Neben der Kleidung und den Toilettenartikeln sollten Sie auch die elektronischen Geräte, Wertsachen und Ausweise notieren.

SCHRITT 2: Nehmen Sie Ihre Kleidung aus dem Koffer und bringen Sie sie im Schrank oder in Schubladen unter. Alles rund um die Körperpflege findet seinen Platz im Bad.

SCHRITT 3: Wählen Sie einen Ort für Ihren Wäschebeutel.

SCHRITT 4: Bringen Sie Ihre Wertsachen im Safe unter oder zumindest an einem geschützten Ort im Koffer.

SCHRITT 5: Genießen Sie die Reise!

Wenn Sie nur einen oder zwei Tage verreisen oder von Stadt zu Stadt unterwegs sind, sieht die Checkliste etwas anders aus. Rollen Sie beim Packen Ihre Outfits gleich passend für die Tage zusammen, an denen Sie sie tragen werden. Körperpflegeartikel gleich nach Gebrauch am besten wieder in den Kulturbeutel packen.

Abschied nehmen

Ein guter Abschluss

Wie eine Reise beendet wird, ist genauso wichtig wie ihr Beginn. Und natürlich muss auch jetzt wieder perfekt gepackt werden, das heißt, alles sollte wieder möglichst genauso effizient im Koffer verschwinden wie bei der Anreise. Egal ob Sie dazu neigen, etwas zu vergessen oder Ihre Reise bis auf die letzte Minute auskosten möchten, die folgende Methode hilft. Damit geht es schnell und dabei gut organisiert.

Als Erstes kommt der Wäschebeutel in den Koffer – er ist am sperrigsten. Alles, was nicht schmutzig ist, sollte wie zuvor gefaltet, gerollt und gepackt werden.

Erinnern Sie sich an die Checkliste, die Sie nach der Ankunft erstellt haben? Jetzt kommt sie wieder zum Einsatz, um alles abzuhaken. Vor dem endgültigen Verschließen der Tasche heißt es noch einmal, unter das Bett und in die Nachttische zu schauen und die Steckdosen zu prüfen.

Wer will, lässt noch ein Trinkgeld zurück und dann wird die Zimmertür geschlossen. Lassen Sie sich Zeit für einen kurzen Gang rund um das Hotel. Ohne dabei zu fotografieren und ohne dabei Musik zu hören. Nehmen Sie einfach nur die Umgebung auf. Das ist der Grund, weshalb Sie gekommen sind – um Dinge zu sehen.

Zurück auf der heimischen Basis

Ob Sie es glauben oder nicht, sobald Sie wieder zu Hause sind, können Sie einiges für die Vorbereitung der nächsten Reise tun. Der Inhalt des Wäschebeutels kommt in die Waschmaschine. Was im Kulturbeutel fehlt, wird gleich wieder aufgestockt. Bilder und Videos sollten gesichert werden – ist ein schönes Bild für die Packstation dabei?

Prüfen Sie Ihre Packliste: Wurde alles benötigt, was eingepackt war? Streichen Sie alles durch, was nicht benutzt wurde – wahrscheinlich brauchen Sie das auch beim nächsten Mal nicht, sodass Sie den Platz besser nutzen können. Im Gegenzug fügen Sie jetzt all das hinzu, was Ihnen auf dieser Reise gefehlt hat.

Wer geschäftlich unterwegs war, sollte alle Belege scannen und Informationen zu neuen Geschäftskontakten speichern. Machen Sie auch ein paar kurze Notizen für Ihr Team. Nach einer Reise mit dem Rucksack oder Outdooraktivitäten sollte die Ausrüstung überprüft werden, damit sie für den nächsten Einsatz bereitsteht. Und wenn Sie einfach von einem Urlaub zurückgekehrt sind, fangen Sie an, gedanklich in neuen Zielen zu schwelgen.

Lassen Sie sich die Reise durch den Kopf gehen: Wie hat sie Sie verändert? Was haben Sie über sich selbst erfahren? Das Thema Packen haben Sie jetzt im Griff und so können Sie sich ganz auf Ihr Abenteuer und neue Erfahrungen konzentrieren. Der Kopf ist frei für die anstehenden Dinge, egal ob Sie eine Wanderung vorhaben, Sightseeing machen oder ein Bewerbungsgespräch absolvieren. Und wenn es viel über einen aussagt, wie man packt, dann fragen Sie sich: Waren Sie auf dieser Reise, wer Sie sein wollten? Ich hoffe es!

Dank

Kim Perel – wo soll ich bloß anfangen? Du bist die gute Fee dieses Buches. Es gibt einfach nicht die richtigen Worte dafür, um auszudrücken, was du mir bedeutest und wie sehr ich das schätze, was du für dieses Buch und für mich geleistet hast. Ich bin so dankbar, dich meine Agentin, meine Co-Autorin und vor allem meine liebe Freundin nennen zu können.

Kelly Lasserre, deine Zeichnungen haben diesem Buch Leben eingehaucht. Bei dir sieht das Thema Packen – das man ja eher mit Chaos verbindet – einfach gut aus. Danke, dass du dein Talent und dein liebes Wesen in dieses Buch eingebracht hast.

Lisa Tauber, ich werde nie vergessen, wie ich jene erste Mail von dir bekam, in der du mich fragtest, ob ich jemals daran gedacht hätte, ein Buch zu schreiben. Ohne dich gäbe es dieses Buch nicht. Danke, dass du etwas gesehen hast, worüber ich sonst nicht nachgedacht hätte. Amanda Englander, ich danke dir, dieses Buch durch die knappen Fristen gelotst und meinen Mangel an Erfahrung wettgemacht zu haben. Dank dir ist dieses Buch Wirklichkeit geworden.

Dieses Buch anzufangen, kurz nachdem ich ein Kind bekommen und ein Business gestartet hatte, war – im Nachhinein gesehen – verrückt. Und ohne meine Familie wäre dies auch nicht möglich gewesen. Mom und Dad – ihr habt mich immer gelehrt, meine Träume zu verfolgen. Ich werde euch nie genug dafür danken können, dass ihr alles habt stehen und liegen lassen, um euch um Rho und mich zu kümmern, während ich meinen Träumen nachjagte. Ich danke meinem Mann – dich zu heiraten, war die beste

Entscheidung, die ich je getroffen habe, das ist mir in diesem Jahr ganz besonders bewusst geworden. Danke für deine grenzenlose Unterstützung, deine aufmunternden Worte und für den morgendlichen Tee. Samira – meine Partnerin, meine Schwester, meine beste Freundin. Danke, dass du die ganze Last rund um *Bridge2Act* auf dich genommen hast, als ich mich in das Schreiben vertieft habe. Ich danke dir für unsere zahllosen gemütlichen Worksessions bei einem Glas Wein und für deine verlässliche Unterstützung und Zuneigung. Naleeni – ich kann mich gar nicht an mein Leben ohne dich erinnern und möchte das auch gar nicht. Danke, dass du meinen Sohn so liebevoll umsorgst. Ich danke meinen Schwiegereltern, die mich in ihre Familie aufgenommen und immer unterstützt haben.

Ein großer Dank an meine Freunde, die meine emotionale Achterbahn immer mitgetragen haben – danke, dass ihr meine unvorhergesehenen Videochats und die hektischen Anrufe ertragen habt und zu mir ins Hillstone gekommen seid, wenn es nötig war. Ihr wisst, was ihr mir bedeutet, und ich kann euch nicht genug danken. Aber versuchen werde ich es trotzdem immer wieder.

Danken möchte ich auch dem Hillstone für den ausgezeichneten Spinatdip, die Dirty Martinis und das Sushi – anders ausgedrückt, meine Grundnahrungsmittel beim Schreiben.

Ein großer Dank an meine *Hitha On The Go Family* – ohne euch gäbe es kein Buch und keinen Blog. Ich danke euch für eure Zeit, eure Kommentare und aktive Teilhabe an meiner kleinen Ecke im Internet. Ihr seid der Grund , warum ich auch weiterhin kreativ tätig sein werde. Danke, danke, danke.

Und schließlich danke ich Rho. Du bist das Beste in meinem Leben.

ÜBER DIE AUTORIN

Hitha Palepu ist Unternehmerin und Autorin mit umfangreicher globaler Erfahrung in den Bereichen Biowissenschaft, Reise und Technologie. Sie ist Gründerin von *Hitha On The Go*, einem 2009 ins Leben gerufenen Lifestyle-Webblog, dessen Thema es ist, Frauen darin zu unterstützen, ihr Leben nach ihren Vorstellungen zu leben.

Zurzeit arbeitet Hitha als Mitbegründerin und Geschäftsführerin von *Bridge2Act*, einem Start-up-Technologie-Unternehmen, das es möglich macht, auf schnelle, einfache und fundierte Weise Geld zu spenden. Ebenfalls zu ihrer Firma gehört *NO.GIFTS*, eine Plattform, über die es möglich ist, anstatt zu persönlichen Anlässen Geschenke zu erhalten, einen guten Zweck zu unterstützen.

Vor der Gründung von *Bridge2Act* war Hitha stellvertretende Vorsitzende im Business Development bei *SciDose*, einem forschungsorientierten Pharmaunternehmen, das darauf spezialisiert war, verbesserte Präparate für die Onkologie und Injektionsmittel für Krankenhäuser zu entwickeln. Sie war voll verantwortlich für die weltweite Zulassung des *SciDose*-Portfolios.

Hitha Palepu hat einen Abschluss in Biochemie und Geschichte der University of Washington und lebt heute mit ihrem Mann und ihrem Sohn in New York.

PACKLISTE

Zielort: ______________________

Dauer der Reise: ______________________

Wetteraussichten: ______________________

OUTFITS

Tag 1	*Tag 2*	*Tag 3*	*Tag 4*	*Tag 5*
Vormittag	Vormittag	Vormittag	Vormittag	Vormittag
Nachmittag	Nachmittag	Nachmittag	Nachmittag	Nachmittag

KLEIDUNGSSTÜCKE

Oberteile	*Unterteile*	*Kleider/Zweiteiler*
1.	1.	1.
2.	2.	2.
3.	3.	3.
4.	4.	4.
5.	5.	5.

Unterwäsche	*Pyjamas/Loungewear*	*Workout*
_____ Unterhosen	_____ Pyjamas	_____ Workout-Hosen
_____ BHs	_____ Loungewear-Outfit	_____ Workout-Shirts
_____ Paar Socken	_____ Morgenmantel	_____ Sport-BHs
Shapewear:		

SCHUHE

TASCHEN

SONSTIGE ACCESSOIRES

- ☐ Sonnenbrille
- ☐ Schal
- ☐ Hut
- ☐ Gürtel
- ☐ Schmuck

KÖRPERPFLEGEMITTEL

- ☐ flüssig
- ☐ nicht flüssig
- ☐ Kosmetik

ELEKTRONISCHE GERÄTE

- ☐ Laptop
- ☐ Tablet
- ☐ Handy
- ☐ Ladegerät
- ☐ Ladegerät
- ☐ Ladegerät
- ☐ Kopfhörer

PACKLISTE

Zielort: ______________________________

Dauer der Reise: ______________________________

Wetteraussichten: ______________________________

OUTFITS

Tag 1	*Tag 2*	*Tag 3*	*Tag 4*	*Tag 5*
VORMITTAG	VORMITTAG	VORMITTAG	VORMITTAG	VORMITTAG
NACHMITTAG	NACHMITTAG	NACHMITTAG	NACHMITTAG	NACHMITTAG

KLEIDUNGSSTÜCKE

Oberteile	*Unterteile*	*Kleider/Zweiteiler*
1.	1.	1.
2.	2.	2.
3.	3.	3.
4.	4.	4.
5.	5.	5.

Unterwäsche	*Pyjamas/Loungewear*	*Workout*
_____ Unterhosen	_____ Pyjamas	_____ Workout-Hosen
_____ BHs	_____ Loungewear-Outfit	_____ Workout-Shirts
_____ Paar Socken	_____ Morgenmantel	_____ Sport-BHs
Shapewear:		

SCHUHE

TASCHEN

SONSTIGE ACCESSOIRES

- [ ] Sonnenbrille
- [ ] Schal
- [ ] Hut
- [ ] Gürtel
- [ ] Schmuck

KÖRPERPFLEGEMITTEL

- [ ] flüssig
- [ ] nicht flüssig
- [ ] Kosmetik

ELEKTRONISCHE GERÄTE

- [ ] Laptop
- [ ] Tablet
- [ ] Handy
- [ ] Ladegerät
- [ ] Ladegerät
- [ ] Ladegerät
- [ ] Kopfhörer

PACKLISTE

Zielort: ______________________________

Dauer der Reise: ______________________________

Wetteraussichten: ______________________________

OUTFITS

Tag 1	*Tag 2*	*Tag 3*	*Tag 4*	*Tag 5*
Vormittag	Vormittag	Vormittag	Vormittag	Vormittag
Nachmittag	Nachmittag	Nachmittag	Nachmittag	Nachmittag

KLEIDUNGSSTÜCKE

Oberteile	*Unterteile*	*Kleider/Zweiteiler*
1.	1.	1.
2.	2.	2.
3.	3.	3.
4.	4.	4.
5.	5.	5.
Unterwäsche	*Pyjamas/Loungewear*	*Workout*
_____ Unterhosen	_____ Pyjamas	_____ Workout-Hosen
_____ BHs	_____ Loungewear-Outfit	_____ Workout-Shirts
_____ Paar Socken	_____ Morgenmantel	_____ Sport-BHs
Shapewear:		

SCHUHE

TASCHEN

SONSTIGE ACCESSOIRES

- [ ] Sonnenbrille
- [ ] Schal
- [ ] Hut
- [ ] Gürtel
- [ ] Schmuck

KÖRPERPFLEGEMITTEL

- [ ] flüssig
- [ ] nicht flüssig
- [ ] Kosmetik

ELEKTRONISCHE GERÄTE

- [ ] Laptop
- [ ] Tablet
- [ ] Handy
- [ ] Ladegerät
- [ ] Ladegerät
- [ ] Ladegerät
- [ ] Kopfhörer

PACKLISTE

Zielort: ______________________________

Dauer der Reise: ______________________________

Wetteraussichten: ______________________________

OUTFITS

Tag 1	*Tag 2*	*Tag 3*	*Tag 4*	*Tag 5*
Vormittag	Vormittag	Vormittag	Vormittag	Vormittag
Nachmittag	Nachmittag	Nachmittag	Nachmittag	Nachmittag

KLEIDUNGSSTÜCKE

Oberteile	*Unterteile*	*Kleider/Zweiteiler*
1.	1.	1.
2.	2.	2.
3.	3.	3.
4.	4.	4.
5.	5.	5.

Unterwäsche	*Pyjamas/Loungewear*	*Workout*
_____ Unterhosen	_____ Pyjamas	_____ Workout-Hosen
_____ BHs	_____ Loungewear-Outfit	_____ Workout-Shirts
_____ Paar Socken	_____ Morgenmantel	_____ Sport-BHs
Shapewear:		

SCHUHE

TASCHEN

SONSTIGE ACCESSOIRES

- [ ] Sonnenbrille
- [ ] Schal
- [ ] Hut
- [ ] Gürtel
- [ ] Schmuck

KÖRPERPFLEGEMITTEL

- [ ] flüssig
- [ ] nicht flüssig
- [ ] Kosmetik

ELEKTRONISCHE GERÄTE

- [ ] Laptop
- [ ] Tablet
- [ ] Handy
- [ ] Ladegerät
- [ ] Ladegerät
- [ ] Ladegerät
- [ ] Kopfhörer

PACKLISTE

Zielort: ____________________

Dauer der Reise: ____________________

Wetteraussichten: ____________________

OUTFITS

Tag 1	*Tag 2*	*Tag 3*	*Tag 4*	*Tag 5*
VORMITTAG	VORMITTAG	VORMITTAG	VORMITTAG	VORMITTAG
NACHMITTAG	NACHMITTAG	NACHMITTAG	NACHMITTAG	NACHMITTAG

KLEIDUNGSSTÜCKE

Oberteile	*Unterteile*	*Kleider/Zweiteiler*
1.	1.	1.
2.	2.	2.
3.	3.	3.
4.	4.	4.
5.	5.	5.
Unterwäsche	*Pyjamas/Loungewear*	*Workout*
_____ Unterhosen	_____ Pyjamas	_____ Workout-Hosen
_____ BHs	_____ Loungewear-Outfit	_____ Workout-Shirts
_____ Paar Socken	_____ Morgenmantel	_____ Sport-BHs
Shapewear:		

SCHUHE

TASCHEN

SONSTIGE ACCESSOIRES

☐ Sonnenbrille	☐ Schal	☐ Hut
☐ Gürtel	☐ Schmuck	

KÖRPERPFLEGEMITTEL

☐ flüssig	☐ nicht flüssig	☐ Kosmetik

ELEKTRONISCHE GERÄTE

☐ Laptop	☐ Tablet	☐ Handy
☐ Ladegerät	☐ Ladegerät	☐ Ladegerät
☐ Kopfhörer		

PACKLISTE

Zielort: ______________________________

Dauer der Reise: ______________________________

Wetteraussichten: ______________________________

OUTFITS

Tag 1	*Tag 2*	*Tag 3*	*Tag 4*	*Tag 5*
VORMITTAG	VORMITTAG	VORMITTAG	VORMITTAG	VORMITTAG
NACHMITTAG	NACHMITTAG	NACHMITTAG	NACHMITTAG	NACHMITTAG

KLEIDUNGSSTÜCKE

Oberteile	*Unterteile*	*Kleider/Zweiteiler*
1.	1.	1.
2.	2.	2.
3.	3.	3.
4.	4.	4.
5.	5.	5.

Unterwäsche	*Pyjamas/Loungewear*	*Workout*
_____ Unterhosen	_____ Pyjamas	_____ Workout-Hosen
_____ BHs	_____ Loungewear-Outfit	_____ Workout-Shirts
_____ Paar Socken	_____ Morgenmantel	_____ Sport-BHs
Shapewear:		

SCHUHE

TASCHEN

SONSTIGE ACCESSOIRES

- ☐ Sonnenbrille
- ☐ Schal
- ☐ Hut
- ☐ Gürtel
- ☐ Schmuck

KÖRPERPFLEGEMITTEL

- ☐ flüssig
- ☐ nicht flüssig
- ☐ Kosmetik

ELEKTRONISCHE GERÄTE

- ☐ Laptop
- ☐ Tablet
- ☐ Handy
- ☐ Ladegerät
- ☐ Ladegerät
- ☐ Ladegerät
- ☐ Kopfhörer

PACKLISTE

Zielort: ______________________________

Dauer der Reise: ______________________________

Wetteraussichten: ______________________________

OUTFITS

Tag 1	*Tag 2*	*Tag 3*	*Tag 4*	*Tag 5*
Vormittag	Vormittag	Vormittag	Vormittag	Vormittag
Nachmittag	Nachmittag	Nachmittag	Nachmittag	Nachmittag

KLEIDUNGSSTÜCKE

Oberteile	*Unterteile*	*Kleider/Zweiteiler*
1.	1.	1.
2.	2.	2.
3.	3.	3.
4.	4.	4.
5.	5.	5.

Unterwäsche	*Pyjamas/Loungewear*	*Workout*
_____ Unterhosen	_____ Pyjamas	_____ Workout-Hosen
_____ BHs	_____ Loungewear-Outfit	_____ Workout-Shirts
_____ Paar Socken	_____ Morgenmantel	_____ Sport-BHs
Shapewear:		

SCHUHE

TASCHEN

SONSTIGE ACCESSOIRES

☐ Sonnenbrille	☐ Schal	☐ Hut
☐ Gürtel	☐ Schmuck	

KÖRPERPFLEGEMITTEL

☐ flüssig	☐ nicht flüssig	☐ Kosmetik

ELEKTRONISCHE GERÄTE

☐ Laptop	☐ Tablet	☐ Handy
☐ Ladegerät	☐ Ladegerät	☐ Ladegerät
☐ Kopfhörer		

PACKLISTE

Zielort: ______________________________

Dauer der Reise: ______________________________

Wetteraussichten: ______________________________

OUTFITS

Tag 1	*Tag 2*	*Tag 3*	*Tag 4*	*Tag 5*
VORMITTAG	VORMITTAG	VORMITTAG	VORMITTAG	VORMITTAG
NACHMITTAG	NACHMITTAG	NACHMITTAG	NACHMITTAG	NACHMITTAG

KLEIDUNGSSTÜCKE

Oberteile	*Unterteile*	*Kleider/Zweiteiler*
1.	1.	1.
2.	2.	2.
3.	3.	3.
4.	4.	4.
5.	5.	5.

Unterwäsche	*Pyjamas/Loungewear*	*Workout*
_____ Unterhosen	_____ Pyjamas	_____ Workout-Hosen
_____ BHs	_____ Loungewear-Outfit	_____ Workout-Shirts
_____ Paar Socken	_____ Morgenmantel	_____ Sport-BHs
Shapewear:		

SCHUHE

TASCHEN

SONSTIGE ACCESSOIRES

- ☐ Sonnenbrille
- ☐ Schal
- ☐ Hut
- ☐ Gürtel
- ☐ Schmuck

KÖRPERPFLEGEMITTEL

- ☐ flüssig
- ☐ nicht flüssig
- ☐ Kosmetik

ELEKTRONISCHE GERÄTE

- ☐ Laptop
- ☐ Tablet
- ☐ Handy
- ☐ Ladegerät
- ☐ Ladegerät
- ☐ Ladegerät
- ☐ Kopfhörer